La aplicación de cosas imposibles

Mi experiencia cercana a la muerte en Iraq

Por Natalie Sudman

Traducción: Mariana Ojanguren

Para permiso, seriación, condensación, adaptación, o para nuestro catálogo de otras publicaciones, favor de escribir a Ozark Mountain Publishing, Inc. P.O. box 754, Huntsville, AR 72740, ATTN: Departamento de permisos.

Datos de catálogo en publicación de la Biblioteca del Congreso
Sudman, Natalie, 1960-
Título original: *Application of Impossible Things – My Near Death Experience in Iraq*, by Natalie Sudman
    La historia de Natalie sobre su experiencia cercana a la muerte, cuando su camión fue golpeado por una bomba caminera en Iraq. Ella recuerda la totalidad de su experiencia desde su lado espiritual, a medida que reparan su cuerpo para que pueda vivir.
1. Experiencia cercana a la muerte 2. Iraq 3. Lado espiritual 4. Metafísica
I. Sudman, Natalie, 1960, II. Metafísica III. Iraq IV. Título

Número de tarjeta de catálogo de la Biblioteca del Congreso: 2023932296
ISBN: 978-1-956945-54-6
Traducción: Mariana Ojanguren
Diseño de portada: Victoria Cooper Art
Libro configurado en: Times New Roman
Diseño de libro: Nancy Vernon

Publicado por:

OZARK
MOUNTAIN
PUBLISHING

Apartado postal 754
Huntsville, AR 72740
WWW.OZARKMT.COM
Impreso en los Estados Unidos de América

Tabla de Contenidos

Nota del Autor

El haber sido bombardeada no fue un evento individual, pero las experiencias e interpretaciones plasmadas aquí, en este libro, son únicamente mías. Por lo que sé, ningún otro de los presentes durante el incidente, recuerda ninguna experiencia similar. Puedo suponer que, si alguno de ellos llega a tener conocimiento de este libro, sacudirá su cabeza, pondrá los ojos en blanco y atribuirá mis recuerdos a alucinaciones o estrés, o a los desafortunados efectos secundarios de alguna contusión severa. Algunos se avergonzarán por mí, benditos sean sus corazones generosos.

Intentando proteger la privacidad de otros que estuvieron presentes durante y después del incidente, se han cambiado los nombre de los individuos, se han evitado nombres de lugares y las fechas han sido omitidas deliberadamente.

Sin embargo, si alguna de esas personas en realidad lee este libro, quisiera agradecerles desde lo más profundo de mi alma. Gracias por cargarme hasta que estuve a salvo y por remendarme mientras yo estaba bajo la influencia de la morfina. Gracias por operarme con resultados excelentes y por llevarme volando de un lugar a otro en sus helos* y C130s. Gracias por preocuparse por mí, cuidándome con atención y humor, y por alentarme cuando lo necesitaba. Gracias por escucharme y responder pacientemente mis preguntas interminables; y gracias por reír conmigo ¡y de mí! Gracias por lidiar con los horrores del papeleo federal involucrado cuando un ciudadano de la milicia es bombardeado, así como también por insistir por un lugar en donde me cuidaran con facilidades militares y después monitorear la calidad de esos cuidados. Gracias por llamarme por teléfono desde lugares remotos y por visitarme y decirme que me veía bien, cuando estaba hecha una mierda. Gracias por llevarme regalos maravillosos… todos esos extraños entrando a mi habitación: ¿¡quiénes eran todos ustedes, ángeles!? Gracias por enviarme correos electrónicos y tarjetas graciosas, y flores coloridas y semillas que crecían a medida que mi cuerpo sanaba. Gracias por condecorarme con medallas que ni siquiera merecía y por creer que sí las merecía. Gracias por incluirme en sus oraciones y pensamientos, a pesar de que ni siquiera conocía a la mayoría de ustedes. Estaba y, aún estoy, abrumada y profundamente conmovida por haber sido el objetivo de semejante avalancha tan inimaginable de cuidados y generosidad.

Siempre buscaré maneras de transmitir toda esa belleza.

Prefacio

Fui el blanco de un ataque mediante bomba caminera en Iraq. El incidente ha tenido efectos duraderos en mi vida física: se vio afectada la visión de mi ojo derecho y mi movilidad aún está limitada en una muñeca y hombro. Agujeros en mi cráneo están cubiertos por pequeños parches de titanio.

Dentro del contexto del trabajo en Iraq, ser bombardeado es un recuerdo interesante (por no decir histriónico), que adquiere todo su valor cuando se ve a través de la totalidad compleja del ambiente de la guerra y del trabajo que yo realicé ahí. Esos recuerdos describen una trayectoria y un ambiente que llenarían todo un libro, pero no este libro.

En lugar de enfocarme en una perspectiva amplia, relacionando una historia de dieciséis meses trabajando en Iraq, administrando contratos de construcción para la armada estadounidense, en este libro pretendo mantenerme limitada, explorando lo que tuvo lugar en unos pocos segundos al momento de la explosión. O quizá en varios segundos. Cuando nuestro camión fue golpeado por el artefacto explosivo improvisado (AEI), tuve lo que la comunidad paranormal describiría como una experiencia extracorporal.

Yo lo llamo experiencia extracorporal o EEC, sin estar segura de que sea la mejor descripción. La experiencia cercana a la muerte o ECM también podría ser correcta. Cuando ocurrió la explosión, dejé mi cuerpo inmediatamente. No experimenté el clásico túnel de luz que otros han reportado. Simplemente parpadeé hacia otro lugar, uno que, en esencia, era familiar. Yo estaba consciente y sé, «no sólo creo», que lo que experimenté fue real.

Me gusta pensar que el contar esta historia y explorar algunos de sus detalles e implicaciones, podría, en cierta forma, ayudar a otros, a pesar de que mi abordaje posea cierta resistencia interna. Mis razones para dudar tienen que ver con asuntos que otros podrían reconocer: miedo e inseguridad. Antes que nada, titubeo al exponer ante el público en general, un conocimiento pobre de lo paranormal, y así, abrirme ante la posibilidad del ridículo y desdén de varios amigos en particular, cuyas relaciones valoro. El responder al escepticismo escuchando amablemente, puede llegar a ser tedioso. Enganchar a los escépticos en un diálogo sobre fenómenos psíquicos es raramente fructífero.

En segundo lugar, me pregunto si tengo la autoridad para escribir sobre cosas a las cuales otros podrían ser capaces de dirigirse más claramente, o con mayor profundidad y certeza. Esto no quiere decir que no confíe en mi propia percepción ni mi autoridad personal; es, en cambio, la certeza de que, en un escritor, la gente prefiere una unión sólida con experiencias pasadas comprobadas. Si yo pudiera citar algunos estudios científicos de fenómenos psíquicos en los que he participado y obtenido resultados sorprendentes, o si me presentara a mí misma proveyendo prueba de algunos valiosos años de predicciones psíquicas increíbles, quizá así estaría más cómoda al presentarme a mí misma. Pero no poseo ningunos de esos títulos.

Finalmente, experiencias similares han sido recopiladas en muchos libros. ¿Por qué añadir uno más?

Algunos eventos recientes me han forzado a admitir que algunas cosas que me llegan fácil y naturalmente, no son necesariamente fáciles e instintivas para otros. Aquello que la gente busca a través de una floreciente selección de instituciones, clases, grupos y sistemas de creencias, tengo que admitir que yo siempre lo he sabido y lo he puesto en práctica con frecuencia. En ocasiones, he enterrado las habilidades o he intentado negarlas, pero siendo parte de mi propia «esencia», son, de hecho, imposibles de perder. Y el encontrar la vida increíblemente sosa o alarmantemente mediocre sin su uso, me hace volver una y otra vez a ellas.

Desde que era niña, he tenido sueños predictivos y «visiones» de despertar. Desde que tengo memoria, he estado claramente consciente de la energía de los edificios y viejos campos de guerra y, frecuentemente, he visto e interactuado con espíritus. He tenido experiencias extracorporales, brindando lecturas psíquicas acertadas para amigos y extraños, y he viajado a través de mundos y dimensiones tal y como lo hacen los chamanes. Sin embargo, como evidencia, no puedo presentar cómodamente estas experiencias como prueba ni validación de ninguna autoridad que pueda yo tener respecto al tema de lo paranormal. Sólo en pocas ocasiones he compartido alguna experiencia con alguien que pudiera atestiguar su veracidad.

Siendo así, mi certeza interna de la validez de lo que sé que es verdad, es actualmente mi única autoridad para referirme a asuntos que caen dentro de la amplia categoría de lo paranormal. Mi ímpetu final por apartar mis miedos e inseguridades para ser capaz de escribir esta historia, es la posibilidad de que puede haber personas como yo, allá afuera, que han tenido experiencias similares y quieren saber que no son los únicos yendo a tientas por sí solos. O que puede haber personas que quieren saber más, pero que no han encontrado esa voz particular con la que ellos logren conectar; esa voz que les hará pensar: «¡Sí, sí, yo también!». La mayoría de las voces que he encontrado en libros y en los medios, francamente, no son voces con las que yo he conectado por varias razones, las cuales se expresan primeramente con mayor facilidad en modo negativo: No puedo creer que tenga que unirme a un ashram, estudiar con el Dalai Lama, sudar con un indioamericano, beber ayahuasca con un chamán peruano, pagar miles de dólares por un taller, o, por otro lado, participar en un sistema de creencias de alguien para alcanzar la sabiduría, alcanzar el nirvana, realizar milagros, conectar con mi ser superior o con un creador, o lograr la unidad con el todo. No creo que haya símbolos universales para los sueños ni interpretaciones aplicables universalmente para la aparición de animales en la vida de uno. No creo requerir de cristales, esencias ni regímenes alimenticios para elevar mi consciencia vibracional o capacidad de consciencia. No creo que alguien más tenga la llave para mi propio camino hacia la iluminación. No creo que los rituales de otros necesariamente funcionen correctamente para mí, ni que lo que yo vea sea más válido que lo que ellos ven, o que yo pueda crear absolutamente todo lo que yo quiera en mi vida con sólo seguir sus diez pasos. No creo que mis experiencias ni habilidades me hagan más valioso ni especial que cualquier otra persona. Ultimadamente, mis experiencias y exploraciones sugieren que las herramientas, accesorios y disciplinas expuestas por grupos espirituales e intereses individuales, son innecesarias. Pueden ser puntos de «inicio» invaluables o herramientas de entrenamiento, pero no son «requerimientos», y pueden, en el peor de los casos, volverse impedimentos para la exploración personal, expansión y para encontrar las respuestas para las mejores preguntas personales.

Expresándome de un modo positivo, yo creo que lo paranormal es normal. Creo que todos tenemos varias capacidades psíquicas sensitivas, aunque algunas personas pueden tener más habilidades naturales o talentos, del mismo modo en que algunos tienen mayor talento natural para la música o el básquetbol. Conozco el poder limitante de los miedos y la programación cultural que cargamos, sin estar conscientes en realidad de la influencia que tienen en nuestras vidas. Creo que la ciencia es capaz de describir algunas energías conocidas por practicantes paranormales, y ya lo hubiera hecho si tan solo la mayoría del mundo científico dejara de insistir en que algo no existe sólo porque no ha sido descrito, o porque no encaja en la teoría actual (que es, después de todo, sólo «teoría»). Creo que las herramientas ofrecidas mediante libros, programas de entrenamiento, maestros individuales y gurús (incluidos los científicos y el clero), son valiosos sólo hasta el punto en que se les deja atrás, y los estudiantes se convierten en sus propios profesores. Creo que cada uno elige experimentar su vida «tal como es», a medida que seguimos aprendiendo, creando y cambiando desde ese momento presente, siempre, de cierto modo, perfeccionándonos como seres completos, tanto como perfeccionando las experiencias de otros aquí en el universo físico; casi siempre de forma inconsciente, pero siempre con el consentimiento del otro. Y creo en el valor profundo de tomar responsabilidad personal por todo lo que he creado y experimentado en mi vida.

También creo que yo misma tengo mi propia ineptitud y confusión entre tal creación y experiencia, mientras que, simultáneamente, estoy perfecta y profundamente completa y en paz.

A pesar de que experiencias extracorporales similares y ECMs han cambiado drásticamente la comprensión de otros de la realidad, mi experiencia ha actuado como confirmación y expansión. He experimentado fenómenos paranormales desde que puedo recordar, y, aunque he aprendido a guardar para mí la mayoría de esas percepciones, generalmente retengo cierta confianza en mis experiencias a pesar de la programación cultural que lo clama incesantemente como ficción. Entonces, a pesar de que no describiré mi experiencia extracorporal como una revolución, es parte de una evolución personal progresiva y, junto con los efectos físicos de haber sido bombardeada, ha afectado mi vida.

Siendo así, dejando atrás mis miedos e inseguridades, he decidido escribir acerca de mis propias experiencias y pensamientos sobre esto, tanto para mi propia diversión, como por la esperanza de continuar la expansión a través del diálogo. Y si lo que he experimentado le es de valor, por lo menos a una persona que lea este libro, lo consideraré mucho más provechoso que proteger mis penosos miedos.

Nota: puede encontrarse un glosario en la parte posterior del libro, para aquellos lectores que no estén familiarizados con la jerga militar. Las palabras que se encuentran en el glosario están marcadas dentro del texto con un asterisco.

Capítulo 1
El catalizador

Apenas y había cerrado mis ojos, una mano sosteniendo mi cabeza, el codo en la manija de la puerta. Era el final de un largo día de visitas a construcciones y estábamos ya a sólo unos minutos de nuestra base. Ya hacía tiempo que había dejado de prestar atención ante lo que pasaba fuera de la ventana, y había perdido la noción de cuán lejos estábamos del resto de nuestro convoy de seguridad. Este equipo parecía estar viajando con medio kilómetro o más de camino entre los vagones, y ya tenía tiempo que no había visto a la policía iraquí que nos escoltaba. Sin conocer bien a los dos hombres de seguridad que estaban sentados al frente, no había platicado con ellos. Algunos hombres prefieren fijar su atención en el ambiente; no estaban hablando el uno con el otro, así que sentí que quizá no aceptarían comentarios ni preguntas de mi parte. El equipo trabajaba a micrófonos cerrados*, una forma asombrosamente aburrida de viajar en el asiento trasero de una Land Cruiser blindada, lejos de la plática de los hombres de seguridad hiper alertas, informados por múltiples sets de alertas sensoriales. Como pasajera, llegué al punto familiar de ser arrullada artificialmente hasta el aburrimiento.

Todo lo que escuché fue un «pop», el sonido de un corcho de champagne a cien metros. El sonido de Microsoft abriendo una ventana nueva. Un chasquido de dedos al otro lado de la oficina.

Recuerdo vívidamente el tomar un respiro largo y profundo, más como un suspiro haciendo eco a otro suspiro interno. Pensé: «mierda». Estaba cansada internamente, exhausta de haber pasado varios días intentando entrenar a un nuevo gerente de proyectos, mientras me ponía al tanto con una carga de trabajo demandante, después de dos semanas de descanso insuficiente. No quería algo difícil, algo que requiriera esfuerzo. Quería descansar.

Mala suerte.

«Sigue adelante con esto», me dije a mí misma.

Abrí mis ojos.

Esa es una porción del relato del incidente, escrita poco después de ser dada de alta del Walter Reed Army Medical Center. Reviví la historia una y otra vez en mi mente durante mi mes como paciente interno, deliberadamente y sin piedad, intentando mantener sólo aquello que realmente recordaba. Agregar y quitar cosas de la memoria es sencillo, todos lo hacemos, y lo hacemos regularmente. Determinada a evitar esa ficción, a medida que pensaba en ello, esperaba utilizar el incidente en un libro sobre mis dieciséis meses administrando contratos de reconstrucción en Iraq. Yo quería que el relato entero fuera lo más fiel posible a mi propia memoria, sin censurar las descripciones histriónicas de la guerra. Estaba determinada a no encasillarme en la política de un apoyo ideológico simplista, ni en la condena de nuestros esfuerzos en Iraq; tampoco quedar atascada creando una glorificación entusiasta ni diatriba indignante sobre la corrupción y desgracia dentro del esfuerzo de la reconstrucción. El «bum-bum» se vende de cualquier forma, pero yo creo que las historias más complejas contienen verdades valiosas. Yo quería ser capaz de relatar la experiencia de forma que describiera fielmente la condensación fina y maravillosamente salvaje de la humanidad con sus complejidades ricas y sus paradojas, finalizando en algún lugar que importara.

Así que, los detalles contados anteriormente son todos verdad, a menos que la omisión cuente como mentira. Debido a toda mi insistencia en contar las cosas de forma directa, me sorprende ahora que deseara deliberadamente omitir lo que fue, desde un punto de vista personal, la parte más interesante del incidente.

He aquí la parte faltante de la historia:

Yo estaba en el camión, sosteniendo mi cabeza con mi mano, mitad dormida, y de pronto ya no lo estaba. Yo llamaré a este movimiento instantáneo el «parpadeo» de un lugar a otro, a falta de una mejor palabra.

En este nuevo ambiente, permanecí en un estrado oval, con apariencia algo intrépida, en mi uniforme sangriento y desgarrado, un poco encorvada, sucia y con un bronceado oscuro, dirigiéndome a miles de seres o personalidades vestidos de blanco. Ellos estaban desplegados hacia arriba y a todo mi alrededor, como si yo estuviera en el centro de un gran estadio. La tarima sobre la que yo estaba tenía quizá unos seis metros de diámetro.

Las personalidades eran, en esencia, no físicas, tomando forma si se lo proponían por algún propósito en particular. Yo percibía su apariencia según lo que yo prefiriera para mis propósitos. En ese momento, ya que yo había sido transferida abruptamente desde el plano físico, era más simple percibirlos en forma humana, portando ropas de un blanco brillante.

La mayoría de esos miles me eran familiares, y todos eran mis similares, a pesar de su admiración por mi torpe último caminar sobre la Tierra. (¿Cuán intrépido es realmente el escoger ser bombardeado?) Yo sabía que la Asamblea era una congregación de muchos grupos, representando una gran variedad de intereses y responsabilidades, pertenecientes no sólo directamente a la Tierra y a las energías del universo físico, sino también a las dimensiones y asuntos del más allá.

El concepto que comuniqué primero, fue que estaba cansada y no tenía interés en regresar al plano físico. Comprendí que la decisión era mía, y, en ese momento, mi decisión fue terminar mi existencia física.

Inmediatamente después de eso, o, quizá más acertadamente, desglosado dentro de eso, presenté lo que parece, desde la percepción mental de mi actual cuerpo/consciencia física, una transferencia de información en forma de una matriz compleja inexplicable. La información era detallada minuciosamente y conceptualmente amplia, con capas cubiertas de una sola vez e infinitamente densa, más, sin embargo, elegantemente simple. Incluía eventos, pensamientos, incidentes, individuos y grupos, en todas sus complejidades de relación; historias, conceptos, conexiones, matices, capas, juicios y proyecciones. Incluía ecuaciones cinéticas y dimensiones, símbolos y corrientes. En lugar de ser una escena clásica de flashazo de vida ante los ojos, esta descarga fue una colección que enfatizaba lo que pudiera ser comprendido a grandes rasgos como información cultural y política. Yo era consciente de que, deliberadamente, ofrecí la información condensada, en requerimiento de una solicitud que se había realizado por las personalidades de esta Asamblea, antes de mi toma de este cuerpo para esta vida física en particular.

A medida que las personalidades digerían la matriz que yo había vuelto disponible, yo estaba nuevamente sorprendida por la admiración que me era enviada de vuelta. Estaban claramente impresionados no solo por mi apariencia de los «Cazadores del arca perdida», sino también por la profundidad y amplitud de información que estaba yo proveyendo. A pesar de eso, yo percibía la tarea como algo fácil y la información, obvia, siendo así, no merecedora de admiración.

Cuando la forma del pensamiento o la matriz fue absorbida por todos, lo cual tomó solo segundos, prosiguieron discusiones entre los diferentes grupos y dentro de toda la Asamblea. Esto podría parecer imposible, considerando que había miles de presentes, pero no lo fue. No sucedieron coincidencias parciales ni tuvieron lugar interrupciones; no se formaron malentendidos, y los desacuerdos eran reflexionados y resueltos respetuosa y cuidadosamente. Toda la comunicación fue lograda a través del pensamiento.

Entonces, pidieron que yo regresara a mi cuerpo físico para completar algún trabajo más. Se me hizo entender que mis habilidades particulares con energía eran necesarias en esta época, y serían efectivas solo si yo estaba actualmente presente en un cuerpo dentro de la vibración terrestre. Yo argumenté que lo deseaba, pero dado mi nivel de cansancio y desinterés en las dificultades de esta vida particular hasta la fecha, pediría que se proveyera cierta asistencia dentro de esa existencia física que continuaría.

Mientras todos digeríamos ciertos detalles, me retraje hacia un lugar profundo, al que me referiré como una dimensión vibracional diferente, a falta de una mejor descripción, en donde pude recuperarme y recobrar mis energías. Otros seres asistieron con esto, realizando la mayor parte del trabajo, mientras yo entraba en una clase de estado espiritual profundo de descanso. Desde la perspectiva física, este estado duró un equivalente a siglos, en menos de un momento.

Cuando regresé a la Asamblea, acordamos algunas tareas específicas que yo terminaría y cosas específicas con las que ellos me asistirían, una vez que estuviera de vuelta en el plano físico. Esto no era una «negociación», como podríamos asumir desde nuestra perspectiva cultural. Era más bien un ofrecimiento genuino de servicios, sin peso agregado a su valor, ni un costo relativo de esfuerzo implicado en cada acuerdo.

Una vez acordado, me moví a otra ubicación vibracional, en donde la sanación se llevaría a cabo sobre mi cuerpo físico. Desde esta ubicación, podía ver mi cuerpo físico en el camión, con la cabeza sostenida por mi mano derecha, el codo sobre la manija de la puerta, exactamente como lo había dejado. También podía ver mi cuerpo como una matriz energética. Leyendo desde esos dos lugares de forma simultánea, podría decir que mi mano derecha estaba malherida a la altura de la muñeca, mi pie y tobillo derechos estaban mal unidos y tenía una herida profunda en mi torso derecho. Había un gran agujero en mi cabeza. Me faltaban un ojo, el seno frontal y una porción de mi cerebro.

Algunos seres energéticos y yo trabajamos juntos, reparando rápidamente el cuerpo, trabajando principalmente a través de la matriz. Las heridas no fueron sanadas por completo, ya que algunas serían de utilidad para situarme ante tareas que había acordado realizar o cosas que yo quería experimentar, siendo consciente de la totalidad del Yo Completo. A medida que trabajábamos, bromeamos los unos con los otros sobre lo que debería y no debería hacerse y, casualmente, nos vimos dedicados en gran medida a tontear.

Cuando terminamos, agradecí a mis compañeros y luego, me moví a otra ubicación que servía como punto conveniente de despegue. Ahí, me encontré brevemente con otros seres que me eran familiares. Discutimos detalles mecánicos de lo que había acordado hacer durante la Asamblea, así como ciertos temas personales. Después, simplemente respiré profundamente y reaparecí en el cuerpo.

Estimo que todos esos eventos recién descritos tomaron lugar dentro de un espacio de menos de cinco segundos en el plano físico. El camión estaba aún rodando por la calle cuando yo abrí mis ojos. Estaba consciente de la desconexión y tuve un vistazo rápido de algo de lo que había sucedido, pero ese recuerdo fue puesto a un lado de forma inmediata para poder afrontar lo que estaba ocurriendo en el plano físico.

A pesar de que esta experiencia extracorporal tuvo lugar en el pasado, tal y como entendemos el tiempo, puedo revivir esa experiencia, y aún está viva. Las escenas y mi participación en ellas mantienen la calidad y detalles de sueños lúcidos o recuerdos de un revivir favorecedor, todo siendo tan vívido como lo experimenté por primera vez. Una ventaja de esta lucidez es que soy capaz de revivir segmentos aislados de ello con una consciencia simultánea de mí en el ambiente físico. El aplicar una perspectiva de vida física a lo que es claramente un ambiente drásticamente diferente de lo que podría considerarse normal, me permite ahora examinar y describir capas más profundas de los eventos y el ambiente que están solamente implícitos, o totalmente ignorados en la corta remembranza provista más arriba.

Al navegar por nuestras vidas diarias, tomamos como seguras las estructuras profundas de la cultura y el ambiente; y yo hice lo mismo durante la experiencia extracorporal. En ese momento yo no pensé: «¿Por qué estoy comunicándome por pensamientos? ¿Cómo es esto posible?» Tal y como en la vida diaria física, no pensamos: «¿Cómo es posible que yo ate palabras que describen el pensamiento conceptual y, después, hago esas palabras audibles coordinando los músculos correctos?» Utilizamos herramientas físicas, perceptivas y culturales sin estar necesariamente conscientes de su origen o mecánica.

No nos enfocamos en esas «suposiciones básicas» del mundo físico, hasta que nos enfrentamos con un desafío por una serie diferente de suposiciones. Por ejemplo, en un nivel cultural simplista, un estadounidense come pizza con sus manos y puede no pensar en eso como una elección cultural, hasta que visita España, en donde la pizza se come con tenedor y cuchillo. Un estadounidense puede no pensar nada sobre un encuentro de negocios, en donde se comparten algunos detalles de un divorcio inminente, mientras que un británico se paralizaría de forma incómoda cuando un colega comparte tan casualmente dicha información tan personal (a menos que sea transformado en una broma ocurrente por aquel salvador social británico). Algunas culturas acordarán detenerse ante las luces rojas, mientras otros consideran las luces de los semáforos como algo menor a una regla, para ser exactos, como una sugerencia amable inservible. En otro nivel, yo no estaba consciente del hecho de que había tantos músculos y tendones envueltos en el girar de una muñeca, hasta que la mía fue destrozada, inmovilizada y luego, se le requirió reaprender cómo moverse usando las combinaciones apropiadas de músculos, en lugar de compensar con otros. Aún en otro nivel más, muchas culturas asumen que los sueños no son experiencias reales, mientras otros los consideran más reales que el mundo físico.

Las suposiciones conscientes o subconscientes que cargamos encima, son estructuras que nos permiten interactuar unos con otros y el mundo físico, de formas consensuadas, dando así sentido a nuestra experiencia colectiva. Si yo organizara mi memoria de acuerdo al tema o concepto, en lugar de hacerlo acorde a la fecha, el llenar formatos de historias médicas sería una complicación innecesaria. Si yo concibiera el tiempo en términos del clima, mientras que otros utilizan un reloj, sería difícil organizar un encuentro con un amigo. El ser capaz de revivir mi experiencia extracorporal mientras, al mismo tiempo, tomo en cuenta la consciencia física colectiva, nuestra realidad compartida, me permite enfocarme en algunas de las diferentes suposiciones activas en cada una.

La profundidad y amplitud de información disponible en el evento extracorporal es tan rica, que su organización en la forma común linear requerida al escribir, es problemática. En un esfuerzo por resolver eso hasta cierto punto, comenzaré cada capítulo con una porción de la historia, utilizando dicha porción como referencia para explayarme a partir de ella. De esta forma, llevaré al lector a través de la experiencia de una manera más lenta, desmenuzando desde las bases al describir algunas de las suposiciones, tanto como mis impresiones y conclusiones, en un esfuerzo por comprender mejor al menos algunos de los aspectos básicos de la realidad que estaba experimentando. Posterior a ese estudio más detallado del incidente, intentaré traer más información hacia el capítulo final, describiendo ampliamente cómo esta experiencia ha informado mi vida física. Después de todo, estamos actualmente vivos y primeramente conscientes en cuerpos y un ambiente físico. Si la experiencia extracorporal no toca esa vida, entonces su valor es limitado. La aplicación práctica, la manifestación de cualquier experiencia, es la etapa en la que hemos elegido aprender y expandirnos.

Capítulo 2
El medio ambiente

Yo estaba en el camión, sosteniendo mi cabeza con mi mano, mitad dormida, y de pronto ya no lo estaba. Yo llamaré a este movimiento instantáneo el «parpadeo» de un lugar a otro, a falta de una mejor palabra.

En este nuevo ambiente, permanecí en un estrado oval, con apariencia algo intrépida, en mi uniforme sangriento y desgarrado, un poco encorvada, sucia y con un bronceado oscuro, dirigiéndome a miles de seres o personalidades vestidos de blanco. Ellos estaban desplegados hacia arriba y a todo mi alrededor, como si yo estuviera en el centro de un gran estadio. La tarima sobre la que yo estaba tenía quizá unos seis metros de diámetro.

Un lugar lógico en el que empezar a expandirme en una descripción de la experiencia extracorporal, podría ser el concentrarme en aspectos del ambiente: el escenario, por decirlo así, en el que tuvieron lugar las acciones y en donde interactuaron las personalidades. Al decir ambiente, no me refiero simplemente a la locación y apariencia del lugar en el que me encontré, sino también algunas de las cualidades subyacentes y suposiciones que informan y ordenan la percepción de y dentro de ese lugar.

Así, grabado como tal, no supongo que las miles de personalidades usaban de hecho túnicas blancas y estaba sentadas en un escenario parecido a un estadio. Cuando revivo la experiencia, soy capaz de percibir esas personalidades visualmente como puntos de luz en el espacio, sentirlas como energías separadas o escucharlas como diferentes valores tonales. También las he visto como monstruos individuales con locas apariencias y como diferentes animales.

A pesar de que cierta dosis feliz de Percocet pudo haber asistido con la idea de convertir esas personalidades en monstruos o animales, perder el tiempo con la imaginación comenzó como una clase de juego intencionado para probar la elasticidad de la percepción y de características específicas del ambiente que yo experimenté. Ese ejercicio me convenció secundariamente de la validez del recuerdo. A pesar de que yo podía alterar tales visiones como las túnicas blancas y el estadio, otros detalles de la experiencia parecían estar ya arreglados. Si tuviera la intención de alterar el tono de la Asamblea, mi apariencia, la información que se intercambió, o el orden de los eventos, por ejemplo, o bien la memoria se volvería cierta clase de secuencia sensorial estática bidimensional en el punto en el que yo intentaba cambiarla, o mi mente quedaría completamente en blanco.

La habilidad para cambiar ciertos detalles mientras otros permanecían fijos, me sugiere que esas suposiciones fijas son «puras», por así decirlo. Es posible que las escenas estáticas y blancas indicaran bloqueos mentales de cierto tipo, pero yo no las comprendo como tal. Pertenecen a porciones de memoria que no tienen sentido: ¿por qué no permitirme cambiar mi apariencia? Para ser honesta, disfrutaría jugar conmigo misma volviéndome más atractiva, más dramática, más digna. ¿Por qué no puedo hacer que la sangre gotee, añadir un lindo sombrero, quitar esa ramita de mi cabello, o cambiar a uniformes Digital camo*, en lugar de aparecer en ese estúpido BDU* café, que hace verte regordete y carece de los bolsillos tan maravillosamente útiles de los uniformes digitales? ¿O por qué no cambiar la Gestalt de la experiencia, ya que estoy un poco incómoda con parte de ella? O quizá podría empatar con las descripciones de otros de experiencias cercanas a la muerte, o maravillarme insertando algunos cambios en los sucesos más vergonzosos o de los que me arrepiento en mi vida hasta ahora, mientras doy algunas sugerencias sobre qué hacer de forma diferente.

Pero no puedo. Sólo puedo mirarme a mí misma intentándolo.

Y, al intentarlo, soy capaz de discernir entre las diferencias sutiles que existen entre las características intercambiables y las que no lo son. Aquellas porciones incambiables llevan consigo cierta familiaridad, como una marca de autenticidad. Ese es un «sentimiento» que no es fácil de describir. Es similar a la diferencia que «siento» al cerrar una puerta hueca contra una de roble sólido, o la diferencia que «siento» al ver una fotografía del David de Michelangelo contra verlo en persona, o la diferencia que «siento» al tocar un pétalo de seda de aspecto realista contra tocar un pétalo de una flor real. Las características inalterables tienen un sentimiento de vivacidad.

Las porciones inalterables del ambiente, en cambio, se sienten menos sustanciales. Parecen sólo un poco más diáfanas, o yo siento que cambian vagamente dentro y fuera de enfoque. Se sienten como si les faltara el aliento.

Un entendimiento de las porciones alterables es que, mi mente consciente despierta, puede haber superpuesto la percepción básica con algo más comprensible o aceptable. Las miles de personalidades en túnicas blancas pudieran ser más completa y correctamente percibidas a través de algún sentido más allá de lo que utiliza mi cuerpo físico, así que, sin alguna suposición o interpretación, serían indescriptibles o incomprensibles para mi mente consciente, dentro del ambiente físico. O su ser pudiera ser percibido de forma más correcta como un olor que no me agrada en el cuerpo físico (un huevo podrido o una vaca en descomposición), o algo visual que yo haya aprendido a pensar que es algo raro o espeluznante (una cucaracha o un bulldog baboso). Esas percepciones hubieran sido una distracción molesta, enfocando toda mi atención en la repulsión o extrañeza. A través de la herramienta físicamente familiar de visiones identificables, la superposición puede haber provisto un marco cómodo, liberando mi atención para información más importante.

Como las percepciones del tiempo y el espacio.

Este Ambiente del Parpadeo no existe en el tiempo y espacio tal y como lo entendemos nosotros. Esto no es afirmar que el tiempo y el espacio no existan para nada. En cambio, son vastamente más complejos e interconectados, y operan el uno con el otro en más formas de las que estamos familiarizados. Imagina que nuestro tiempo-espacio está correlacionado con este libro. Experimentamos o leemos el libro de cierta forma prescrita: nos concentramos en los símbolos impresos, leyendo de izquierda a derecha, de arriba hacia abajo.

En el Ambiente del Parpadeo habría infinitas formas de experimentar el mismo libro. Podría ser leído libremente con total comprensión, palabra por palabra, de izquierda a derecha, de arriba hacia abajo. Alternativamente, el libro podría leerse párrafo por párrafo, de derecha a izquierda, de abajo hacia arriba, o una página entera tras otra de un vistazo. Podría leerse desde el centro sin una comprensión progresiva, o podría tocarse con la mente y, como un todo y de una sola vez, comprenderlo en un simple momento digestivo. Podría leerse agrupando contenido emocional: primero absorbiendo todas las escenas llenas de lágrimas, después las escenas neutrales, luego aquellas que involucran alegría. O podría leerse de escenario en escenario, todas las escenas que se llevan a cabo en la calle serían leídas primero, después todas las que se llevan a cabo en una estructura residencial, etc. Los espacios entre las letras impresas podrían ser leídos. Podría leerse desde las fibras de cada página, desde las moléculas de la tinta, o bien, imaginen las posibilidades. Habría tantas formas de leer el libro como puntos hay en el espacio.

De forma similar, el Tiempo y Espacio en el Ambiente del Parpadeo puede ser percibido de muchas maneras, existiendo en lo que pudiera parecer a la mente física como una complejidad borrosa de distancia y profundidad, tanto como anchura, y más allá de las tres dimensiones. Al escribir con mayúsculas las palabras Tiempo/Espacio, me refiero a la percepción del tiempo y el espacio desde la perspectiva de estos ambientes no físicos, comparado a las palabras con minúsculas tiempo/espacio, que se refieren a nuestra definición física terrestre familiar del tiempo/espacio.

Dentro del Tiempo/Espacio reside la elección de limitar nuestro enfoque a nuestra particular y familiar percepción del tiempo y espacio. Nuestra comprensión y experiencia del tiempo y espacio puede entenderse como una hebra, un subconjunto de la totalidad del Tiempo y Espacio.

A pesar de que las elecciones y posibilidades en lo que yo llamo el Ambiente del Parpadeo pudieran ser caóticas y sobrecogedoras desde nuestro punto de vista de mente física, cualquier elección en el camino de la percepción es fácil de llevar a cabo, como la misma toma de esa decisión. La consciencia dentro del Ambiente del Parpadeo está expandida de tal forma que provee una base de la percepción de forma radical y sencillamente amplia, incluyendo la consciencia de una estructura y de un patrón, complejos y de múltiples capas.

En el contexto descrito como Tiempo/Espacio expandido y consciencia expandida, la estructura y los patrones permiten al potencial tener una total consciencia de lo que experimentamos en el mundo físico como pasado y futuro. La experiencia simultánea es una suposición básica, que no presenta contradicciones. Tal y como entendemos al tiempo en el mundo físico, soy capaz de hablar por celular al mismo tiempo que camino a través del espacio. Mientras camino y hablo, me rasco mi nariz, evito chocar con alguien, leo y sigo las señales que me indican en dónde está la zona para recoger mi equipaje, y me preocupo en el fondo de mi mente por el tráfico que habrá camino a casa.

De forma similar, en el estado o lugar de la consciencia expandida, soy capaz de mantener una consciencia simultánea de ambos, mi cuerpo en la experiencia física progresiva de sentarme en la Land Cruiser, rodando por el camino después de haber sido bombardeada, y de mí, intrépidamente de pie sobre la tarima, con todas las experiencias multiprogresivas. También me encuentro «fuera» de esos puntos focales mientras los observo y me encuentro experimentando simultáneamente otras dimensiones no descritas aquí.

Soy capaz de observar todos esos «yos» y, al mismo tiempo, mirar «dentro» de ellos desde el exterior y «fuera» de ellos desde el interior. Soy capaz de comprenderlos desde dentro de las células, dentro de la energía, dentro de sus, «mis», mecanismos perceptivos, desde detrás de varios futuros, por delante de varios pasados, o desde cualquier otro número infinito de puntos focales. Ya que el Tiempo y Espacio son multidimensionales, yo también soy multidimensional. Soy capaz de percibir desde y a partir de cualquiera de estos distintos grados de consciencia de manera simultánea, mientras elijo concentrarme.

Y todas las percepciones toman sentido. No para mi mente física, lineal, lógica de ahora mismo, sino de forma intuitiva y a partir de la consciencia expandida.

Otro aspecto de la expansión en la percepción disponible dentro del Ambiente del Parpadeo, es una consciencia de las energías, inertes y activas, disponibles en los espacios «entre» los pensamientos. Obviamente, el que pueda incluso «haber» espacios «entre» pensamientos, implica que el pensamiento tiene forma. Se nos ha enseñado que los pensamientos son privados, etéreos (sin sustancia), y carentes de poder, hasta que alguna acción física les aplica alguna fuerza. En el Ambiente del Parpadeo, sin embargo, el pensamiento se comprende claramente como una fuerza dentro y fuera de sí mismo. Los pensamientos tienen forma cuando se pretende eso y, de no ser así, existen como «energía con efecto potencial», más, sin embargo, carentes de forma perceptible. No es posible ninguna forma de ningún tipo sin energía de pensamiento que lo instigue.

La fuerza de un pensamiento no está confinada al ambiente del que se originó; el pensamiento permea varias dimensiones y niveles vibracionales. Mi percepción es que el pensamiento utiliza energías disponibles «entre y desde todos» los pensamientos para activar o alterar la fuerza por sí misma, dependiendo de la intención de quien la origina. Como concepto, la «energía que se encuentra en medio» es algo que sólo puedo describir como «potencial». Existe y no existe al mismo tiempo. Lo siento, sé que no tiene lógica. Quizá ayudaría el pensar en ello como el Conejo de Pascua, que existe, pero no existe. Aquellos espacios de en medio se entienden y utilizan de formas que no comprendemos en la existencia física, por nuestro sistema de creencias, tal y como el Conejo de Pascua se utiliza o no de acuerdo a nuestras creencias sobre Pascua, conejos, huevos, Jesús, dulces, primavera, niños, resurrección u objetos escondidos. «Y la gente piensa que lo paranormal es extraño…»

Manteniéndome con la analogía del Conejo de Pascua, «puede que me arrepienta de esto», imagina todo el espacio entre los objetos involucrados en una búsqueda de huevos de Pascua: los espacios entre los huevos, un colchón, una mesa, alfombra, techo «nos encontramos en el interior, en caso de que no lo hayas notado», chimenea «en el norte, me parece», cortinas, paredes y ventanas. Imagina que todo el espacio que no se ocupa por aquellos objetos contiene, o «es», energía activa. Imagina que la energía se utiliza para mantener la fisicalidad de la silla, cortinas, paredes y ventanas, en sus formas físicas aparentes. De hecho, en el nivel de la física cuántica, se sabe que el espacio es ocupado por energía. Las partículas que forman nuestra realidad aparentemente física se mantienen unidas mediante energía. «De hecho, las partículas pueden ser energías simples que aparentan ser sólidas para nosotros, pero ignoremos eso por el momento, por el bien de este ejemplo». Esa energía «en medio» es una ilustración de, y quizá, un subtipo de energía que yo percibí en los «espacios del medio», en el Ambiente del Parpadeo.

Por el bien de esta analogía, imagina que el espacio entre las moléculas que crean el objeto, aparentemente sólido, detrás del cual se esconde el huevo de Pascua, mantiene energías que podrían usarse por nuestras mentes, tan casualmente como usamos una canasta para cargar el huevo de Pascua. Cada pensamiento, trazando las energías de en medio, se convertirá a sí mismo en una fuerza utilizada, manifestando o creando cualquier patrón o programa que haya estado dentro de ese pensamiento.

Esa energía «de en medio» es lo que percibí que se utilizaba en el Ambiente del Parpadeo y en nuestro propio ambiente, aunque sin comprensión consciente. Si entendemos que usamos esas mismas energías aquí en el ambiente físico, nuestros conceptos de la realidad podrían cambiar. Si supiéramos cómo usar conscientemente y controlar esas energías en lo físico, las conexiones entre partículas podrían ser modificadas y manipuladas a voluntad. Los lazos podrían debilitarse, ocasionando que una molécula se rompa o doble, o que las millones de moléculas que forman un huevo se puedan soltar, ocasionando así que el huevo se irradie y doble hasta que sea tan flexible como plastilina. Podríamos ser Uri Geller, doblando cucharas a voluntad. Alternativamente, los lazos podrían ser organizados por el pensamiento hacia una mesa, un pony, un policía o un Conejo de Pascua. Podrían organizarse para reparar nuestros propios cuerpos. Es posible que pudiéramos buscar los huevos de Pascua cambiando nuestro enfoque hacia diferentes escenarios dentro del espacio, en lugar de cambiar físicamente nuestros cuerpos, o podríamos crear el huevo detrás de cualquier objeto elegido, simplemente pensando en el huevo hasta su existencia.

Mi comprensión es que utilizamos estas energías sin estar totalmente conscientes de ello. En el Ambiente del Parpadeo, un gran espectro de energías, todas familiares para nosotros, pero comprendidas imperfectamente, son utilizadas tan casualmente como ahora divagamos sobre el Conejo de Pascua (por así decirlo). Hasta que comprendamos los espacios entre lo que es considerado actualmente como la realidad física y comprendamos al pensamiento como energía capaz de lograr un efecto, seremos incapaces de utilizar por completo esas mismas energías como recursos creativos para fines conscientemente elegidos en nuestras vidas físicas.

Dejando al Conejo de Pascua (gracias a Dios) y los potenciales borrosos del pensamiento como una «fuerza de creación» primaria, por el momento, ¿en «dónde» está ese ambiente que yo experimenté?

El Ambiente del Parpadeo es menos una locación física de lo que es una intensidad, una frecuencia o una dimensión. Tiene una locación específica, sin embargo, no es una parte del espacio tal y como lo definimos ahora. Co-localizado, en lugar de situarlo separadamente sobre o por debajo de nuestra fisicalidad, podría decir que se encuentra a un lado, o dentro, o «entre» (ese maldito concepto de nuevo), y eso sería más adecuado. Toca y accede otras realidades específicas, aunque no necesariamente tenga un efecto deliberado entre ellas. Consideren las radio frecuencias, que existen en el mismo espacio dentro y entre ellas, usualmente sin una interacción obvia.

En un nivel vibracional, el ambiente parece ilimitado, aunque sus límites están definidos obviamente entre la banda de frecuencia vibracional. Mi comprensión es que un infinito está disponible dentro de la frecuencia, a pesar de que esa frecuencia no ofrezca acceso a cualquier potencial disponible dentro de cualquier «otra» frecuencia. La frecuencia vibracional en donde recibí el descanso profundo sanador, por ejemplo, ofrece una infinidad largamente separada. En algunos potenciales es única, mientras que otros potenciales son compartidos con el Ambiente del Parpadeo. Ambos contienen un potencial infinito, pero no necesariamente el potencial infinito del otro.

Cualquier otra frecuencia o dimensión no puede ser accesada directamente desde la frecuencia Parpadeante, ni desde la frecuencia sanadora profunda, ni desde la frecuencia en donde tuvo lugar mi sanación física. Cada dimensión ofrece acceso a varias realidades distintas, mientras que ninguna ofrece acceso a todo el resto. Yo me imagino un tipo de celosía o una red compleja de conexiones, mientras también comprendo que esas visiones son sólo analogías, ya que la realidad es tan densamente construida en capas como para ser incomprensible para mi mente lógica. Siendo que existen infinitas frecuencias, la red es cinética a pesar de que algunas cualidades dentro de ella permanecen fijas, de forma que una vez que una personalidad o consciencia es familiar con una vibración específica, ese estado siempre puede ser encontrado.

El Ambiente del Parpadeo, como cualquier otra realidad vibracional, tiene reglas de energía que definen las estructuras de la experiencia dentro de él, siendo las reglas acuerdos cooperativos. Las personalidades o seres que existen o participan en él, son conscientes de las reglas y voluntariamente las crearon, mantuvieron, y operan en ellas justo como lo hacemos en el mundo físico. La acumulación de la intensión, que es la «energía del pensamiento», ajusta las leyes del universo más firmemente, mientras la experiencia se acumula en el ambiente. Y, sin embargo, ninguna ley es inviolable; es sólo una guía para la experiencia compartida y la exploración infinitamente expandible de los potenciales de la fuerza creativa.

Ya que no estamos totalmente conscientes de las leyes con las que estuvimos de acuerdo en existir en las dimensiones físicas, ya sea que estemos hablando de fuerzas naturales o culturales, somos incapaces de utilizarlas conscientemente en una extensión equivalente. Mediante una constante consciencia sin esfuerzo de las reglas y las complejidades de la estructura subyacente, las personalidades que operan dentro del Ambiente del Parpadeo son más capaces de usar las energías de forma deliberada y creativa. Como un ejemplo a grosso modo, para usar la electricidad con nuestros propios fines, primero necesitamos comprender algunos de sus potenciales, limitaciones y propiedades, para poder generarla a voluntad y después poder controlar eso que generamos.

El conocimiento de la consciencia propia dentro del Ambiente del Parpadeo es obviamente más amplio de lo que estamos acostumbrados a considerar como «normal» en nuestro ambiente. A través del sistema de creencias, las culturas actuales han limitado la consciencia general de los sistemas energéticos y la naturaleza de la consciencia expandida, o ritualizado esos estados a través de varias prácticas. En el Ambiente del Parpadeo, la consciencia expandida se encuentra libre de esos límites.

Nuestras percepciones están formadas por lo que «creemos» que es real y posible dentro del ambiente físico. El Ambiente del Parpadeo está completamente consciente de las dimensiones que consideramos reales y de una miríada de otras realidades que no son necesariamente consideradas reales desde la perspectiva actual de nuestra realidad física: los paisajes de ensueño que visitamos cada noche y los lugares a los que acudimos en momentos en los que nos arrastramos hacia el soñar despiertos, fantasías y ensoñación. O los espacios en blanco de esa clase de momentos perdidos, cuando no podemos pensar en aquello que era nuestra intensión, hace tan sólo un instante. O el tiempo perdido que experimentamos al manejar un coche, volviéndose de pronto consciente, pensando «¡Mierda, no recuerdo una sola cosa entre la oficina y el estar aquí!»

Esas experiencias no son pérdidas de tiempo, sino pruebas de una consciencia más expandida. Nos deslizamos entre el tiempo o el espacio a medida que lo comprendemos, visitando los espacios de «en medio». Olvidando instantáneamente en donde estábamos o lo que experimentamos en ese momento de extrañeza, parece ser una función de la mente consciente, editando lo que no encaja en este concepto de realidad. Es el equivalente de mi habilidad de amorfizar personalidades vestidas de blanco hacia animales.

Si tan solo nuestras mentes conscientes fueran capaces de aceptar la sustancia dentro del momento, nuestras creencias construidas cuidadosamente de cómo el mundo funciona, podrían verse amenazadas. «Todo» tendría que cambiar: las suposiciones de lo que es posible, lo que está bien o mal, lo que es correcto o incorrecto, lo que es responsabilidad de quien, lo que es real y lo que no, lo que es significativo, cómo se mueve el tiempo, cómo se organiza el espacio, cómo nos movemos a través del ambiente, cómo nacemos, cómo morimos, de dónde venimos, quiénes somos…

Detente y piensa en algunos ejemplos de cada una de esas cosas. Después, piensa en más. «Todo» eso son muchas cosas. El cambio puede ser aterrador.

(¿O es ese cambio «anticipado» la parte aterradora?)

En cualquier caso, el cambio no es un requisito necesario. Operamos dentro de este universo físico, como se entiende actualmente, por razones significativas. Los límites actuales que hemos diseñado son una opción. Si elegimos cambiar dentro de este universo y cómo cambiamos y evolucionamos es también una opción.

La consciencia en el Ambiente del Parpadeo asume que nuestra consciencia es el ser perdurable y la consciencia es más de lo que experimentamos, usamos o conocemos desde el ambiente físico. El cuerpo y todo nuestro mundo físico es real pero no es la totalidad de la realidad del ser. No es «ni más ni menos» real que los lugares que experimentamos en un estado de sueño, ni los lugares a los que vamos entre momentos. Se nos ha enseñado a concentrarnos y, en ciertos casos, acordar concentrarnos en una banda angosta de experiencias, probadas solo a través de cinco sentidos físicos. El aspecto cómico de esto es la implicación de que lo que no es percibido por los mecanismos de nuestros cuerpos físicos, no existe en realidad. Establecimos nuestra propia paradoja: si aquella suposición se lleva hacia un fin lógico, lo que sea que se encuentre actualmente fuera del alcance de mi percepción sensorial directa, no existe. Si no puedo verlo, saborearlo, sentirlo, olerlo o escucharlo, no está. Sólo por el hecho de que puedo regresar a ello concentrándome en aquello mismo una vez más, no prueba nada. Yo, con frecuencia, visito una vez más los mismos lugares de mis sueños, a pesar de que se me ha dicho que los sueños no son reales y el lugar que visité durante mi sueño es producto de mi imaginación. Si la tienda a la que fui ayer y a la que planeo regresar mañana es real, entonces también podría serlo el lugar que es visitado frecuentemente en mis sueños nocturnos.

Continuamente, la literatura esotérica y espiritual cambian esa conclusión, refiriéndose a la vida física como un sueño, la ilusión. Las dos formas de expresar la misma realidad, enfocan su atención desde un punto de vista ventajoso diferente. «Todo es real» solidifica y afirma toda la experiencia: aquello que mi ser físico está experimentando, tanto como las realidades expandidas que explora mi consciencia. Esto es útil para mí al traer la consciencia expandida hacia la consciencia física, mezclando lo que mi mente lógica y linear aún separa frecuentemente en mundos diferentes. Podría ser un pequeño mantra útil para llevar a cabo cuando se intentan experiencias extracorporales de forma deliberada o aprender a doblar cucharas. Puede ayudar a enseñar a la mente consciente que lo paranormal es normal.

«Todo es una ilusión» puede ser útil para romper esas mismas barreras al abordar creencias desde el otro lado. El decir «todo es una ilusión», me anima a desapegarme de la realidad física sugiriendo que algo que yo percibo como desagradable existe como un estado temporal dentro de algo más, algo más grande y significativo. Esto puede ser utilizado en situaciones que requieren una reexaminación de suposiciones sobre lo que constituye lo bueno y malo, correcto e incorrecto, por ejemplo. Declarar el concepto, de cualquier forma, puede ser un ejercicio sorprendente para expandir la consciencia y romper algunas de las programaciones que me han enseñado a desconfiar en lo que sé instintivamente.

Otras características e implicaciones del Ambiente del Parpadeo son alcanzadas con mayor facilidad a través de la descripción de otros aspectos de mi experiencia, así que me moveré hacia el siguiente extracto que consta, lo que proveerá una base para discutir las personalidades con que me encontré de forma extracorporal.

Capítulo 3
Personalidades, interacción e intención

Las personalidades eran, en esencia, no físicas, tomando forma si se lo proponían por algún propósito en particular. Yo percibía su apariencia según lo que yo prefiriera para mis propósitos. En ese momento, ya que yo había sido transferida abruptamente desde el plano físico, era más simple percibirlos en forma humana, portando ropas de un blanco brillante.

La mayoría de esos miles me eran familiares, y todos eran mis similares, a pesar de su admiración por mi torpe último caminar sobre la Tierra. (¿Cuán intrépido es realmente el escoger ser bombardeado?) Yo sabía que la Asamblea era una congregación de muchos grupos, representando una gran variedad de intereses y responsabilidades, pertenecientes no sólo directamente a la Tierra y a las energías del universo físico, sino también a las dimensiones y asuntos del más allá.

Un problema que encontré al expandirme en esta porción del extracto, fue el encontrar una palabra que describiera propiamente o ilustrara a los individuos en la Asamblea. Llamarles «espíritus» pudiera funcionar si la palabra no llevara consigo matices religiosos de creaciones angelicales, o si no conjurara una forma humana tenue, etérea, fantasmagórica. Pero lo hace. «Entidad» suena digital para mí, robótico y espeluznante. La palabra «ser» es apropiada, más sin embargo tan general que la hace casi insignificante y carente de la connotación cálida de la vitalidad individual. He estado utilizando la palabra «personalidades», y la palabra se acerca más a mis sentimientos por ellos, quizá lo mejor que puedo lograr con las limitantes del lenguaje. La semántica importa porque una comprensión correspondiente de la profundidad de cada personalidad, parece depender de ella. Al traerlos propiamente a la vida a través del lenguaje, los llamaría más naturalmente «personas» o «amigos». Eso presentaría su propio enigma, ya que carecen de un requerimiento básico de las definiciones: nuestro enfoque actual en la fisicalidad. A falta de una mejor decisión, entonces, y habiendo llegado tan lejos usando «personalidades» o «seres», me aferraré a esas palabras e intentaré infundirles una pequeña profundidad a través de la siguiente descripción.

Como dije previamente, estoy consciente de las personalidades vestidas de blanco, congregadas alrededor mío a medida que me encuentro de pie en el estrado; y estoy consciente también de ellos como energías, puntos de luz, o monstruos, como yo lo prefiera: algo permitido en el ambiente. También estoy consciente de cada una de ellas como individuos. El cambiar mi percepción visual de ellos no me permite cambiar la inmediación de su presencia o individualidad. Ellos son tan reales a mí como lo es mi propia mano.

Su número es sobrecogedor para mi mente consciente, sin embargo, soy capaz de apuntar a cada uno de ellos hasta «reconocer» por completo la personalidad de aquel individuo, simultánea e instantáneamente, percibiendo y conociendo cada uno de los otros miles como individuos únicos. Esa simultaneidad de consciencia de cada uno de los miles, parece otro concepto no sensorial desde la consciencia física. Es demasiado complejo para comprender. Pudiera ayudar el imaginar estar en una habitación llena de amigos, quizá en la recepción de alguna boda o una gran fiesta de cumpleaños. Mientras escuchas a algún amigo contando una historia, imagina también estar consciente de cada uno de los demás amigos en la habitación y el ambiente creado por la combinación de aquellas personas en particular. Al escanear la habitación, cada persona es reconocida instantáneamente con una consciencia de la singularidad de cada individuo, mientras tú estás aún escuchando la historia de un amigo. Al mismo tiempo, se puede percibir una consciencia del estado anímico total de la reunión: pudiera ser tenso, raro pero amigable, de contenido tranquilo, jovialmente vivaz, divertidamente abierto, o, ¡yuuu juuu! ebriamente estridente.

En el Ambiente del Parpadeo, esa simultaneidad de la consciencia de la conversación amigable «y» amigos dentro de la habitación «y» el ambiente, es simplemente expandida para permitir la capacidad de enfocarse en «innumerables» puntos al mismo tiempo con «plena» consciencia.

De la misma forma, el reconocimiento de las personalidades a través de la lectura de una energía gestáltica de ese individuo, tiene un corolario en la experiencia física, a pesar de ser vastamente expandida en el Ambiente del Parpadeo. Si has pensado alguna vez en algún amigo, pero inexplicablemente no pudiste llegar al nombre de ese individuo, considera cómo supiste en quién estabas pensando: pudiste haber invocado una imagen visual del individuo, y acompañado aquella imagen con una Gestalt, o un sentido total de aquella personalidad. Aquel «sentimiento» puede haberse formado a través de los años o a través de momentos, compilado desde los datos físicos, memorias de experiencias compartidas y juicios de ti mismo sobre las características de esa persona. Aquellos detalles se encuentran integrados a una idea o un sentido «total», describiendo a esa persona como una única personalidad. A pesar de que nunca has estado con un amigo en particular bajo alguna circunstancia inusual, después de haber sido bombardeada mediante una bomba caminera, por ejemplo, si tú imaginaras la experiencia de aquel incidente, podrías imaginar probablemente cómo pudiera reaccionar ese amigo. Mientras tu conclusión pudiera ser originada desde experiencias acumuladas con aquel amigo, no repasas cada simple cosa que sabes sobre aquel amigo de forma consciente y deliberadamente, para poder llegar a la conclusión. Tienes una Gestalt o una idea única, representando al amigo, en la que puedes profundizar y llegar así, casi de forma instantánea, a una conclusión emergente.

En el mundo físico, parecemos acumular los datos que nos informan sobre la Gestalt de un individuo, a través de experiencias a lo largo del paso del tiempo. En el Ambiente del Parpadeo, la Gestalt está disponible de forma instantánea. Siendo aquel Tiempo (contra el «tiempo» de la realidad física, con minúscula), multidimensional, la totalidad del individuo no tiene que ser reunido secuencialmente desde la experiencia linear del tiempo y el espacio. El ser de la personalidad existe, completo, en el Tiempo y Espacio infinito, y puede ser experimentado como un todo.

El que esa personalidad sea, al mismo tiempo, completa, no es decir que esa personalidad sea estática, terminada, o incambiable. Por el contrario, esa persona está completa con un cambio constantemente creativo y con expansión. Asumir ese nombre pronunciado en nuestro mundo físico, llega a simbolizar el todo, conocido como Gestalt, de un amigo en particular. Yo

23

le llamo Fiona. Ese nombre puede considerarse un símbolo audible de un flashazo de pensamiento único completo, la unidad de una idea, un concepto que identifica a Fiona para mí. Aquel flashazo de pensamiento está compuesto por innumerables pedazos de pensamientos, mientras son simultáneamente o primordialmente un pensamiento: Fiona.

Y, a pesar de que Fiona está cambiando constantemente y creciendo, sumando nuevas experiencias a su vida, su memoria, su carácter y consciencia , a su «ser», ella continua siendo Fiona para mí. Y, a pesar de que yo esté constantemente cambiando, creciendo, sumando una nueva experiencia a mi propia vida a través de mis propios cambios, yo aún reconozco a Fiona.

De forma similar, sin las claves visualmente físicas de cómo aparenta ser o las claves audibles de como sea que suene su voz, en el Ambiente del Parpadeo, Fiona puede sentirse a sí misma puramente al «sentir» la energía de su Ser, el cual es un Ser que es infinitamente más rico que un concepto de Fiona en el mundo físico.

Nuestra cultura utiliza el término «sexto sentido» para acompañar a un amplio rango de experiencias que pudieran ser una sombra pálida de este «sentimiento» experimentado en el Ambiente del Parpadeo. La Percepción Extrasensorial (PES), telepatía, y otros también llamados fenómenos psíquicos, parecen extra normales (excepcionales, paranormales) o ficticios para muchos, dentro del contexto de la cultura física y el canal principal del sistema de creencias, pero son obviamente utilizados para distintos fines en nuestras vidas físicas, o no tendríamos nombres para ellos o ejemplos tan extensos de haberlos experimentado. Alguna experiencia que cae dentro de la designación del «sexto sentido» puede ser el resultado de la consciencia hipersensible de los cinco sentidos para las evidencias físicas. Sin embargo, muchas experiencias pertenecen claramente a una sensibilidad más allá de los límites culturalmente reconocidos de los mecanismos físicos del gusto, tacto, olfato, vista y oído. El «sexto sentido» puede entenderse como una sombra de sensibilidades mucho más certeras y bien desarrolladas que están totalmente disponibles dentro del Ambiente del Parpadeo.

Como todo lo demás, la acción del reconocimiento instantáneo dentro del Ambiente del Parpadeo es iniciado por el pensamiento y requiere de un acuerdo entre ambas partes. Una vez que se tiene un acuerdo, se siente como si yo absorbiera la totalidad de la personalidad sin invasión ni intrusión. La «firma» sensitiva de aquella personalidad única es, entonces, instantánea y eternamente reconocible a un nivel energético. Simplemente al pensar en aquella personalidad y recrear dentro mío el «sentimiento» de aquella firma, vuelvo a estar con ese ser en particular.

En ciertos casos, paquetes de información dentro de una personalidad, no están totalmente enfocados o no son ofrecidos. La firma continúa siendo la misma, pero los detalles sobre experiencias o información específicas, puede ser minimizado por uno u otro en la interacción. Como un corolario, en la vida física puedo hablar con John sobre arte y raramente discutir sobre viajes al extranjero, mientras que con Jane yo no discuto arte, sino que hablamos extensamente sobre viajes al extranjero. Sus firmas separadas sobre mí, podrían bien encajar sin ser conscientes de las ediciones que yo le impongo mientras interactúo con ellos. El interés focalizado de cada persona minimiza partes de mi personalidad que no son de interés. En el Ambiente del Parpadeo hay una consciencia de la capacidad e intereses del receptor, y, por parte del receptor, hay una consciencia de la propia capacidad de esa persona y sus intereses. En cierto sentido, los paquetes de información son minimizados o quizá se pasan todos por alto cuando son ofrecidos al receptor.

Cada una de las miles de personalidades interactúa al focalizarse hacia una parte del Ser, que persigue el carácter tan claro: algunas personalidades son sólo negocios, algunas intensamente curiosas, otras son juguetonas, otras rápidamente ingeniosas, sobrias o casuales. Todas, de cualquier forma, emanan una aceptación total, comprensión y compasión. Utilizo con dudas la palabra compasión porque lleva consigo débiles bocanadas de lástima o jerarquía; siendo quien brinda la compasión, de cierta forma, más sabio, con más habilidades, o con más suerte que aquél hacia quien la compasión es otorgada. Quizá la «co-pasión» es más acertada. En nuestras interacciones, somos absolutamente iguales sin la contaminación de la competencia en cualquiera de sus formas miríadas. Las interacciones, entonces, han sido siempre con absoluto reconocimiento de igualdad en consciencia y una pasión compartida por «ser».

El reconocimiento absoluto de la igualdad y una pasión compartida por «ser», subraya cualquier otra descripción que haya yo dado sobre esta experiencia.

Para señalar los intereses y responsabilidades de las personalidades, a quienes me describo a mí misma como que están conscientes, podría ser de ayuda el reiterar la base de la suposición de que, desde la perspectiva ganada en lo extracorporal, la consciencia es asumida como un «ser» central y duradero, «el ser mismo». La consciencia del mundo físico es o bien, una atención exquisitamente balanceada, o el enfoque de la totalidad de nuestro Ser en aquella experiencia. El Ser Completo, como le llamo yo, está, al mismo tiempo, totalmente consciente de otros innumerables mundos, posibilidades, probabilidades, y sus experiencias dentro de esas vibraciones o puntos focales. Las otras experiencias no están separadas de las experiencias en nuestro mundo físico; las experiencias se informan por completo entre ellas, ya sea que sean conscientes de ello o no, en nuestra consciencia física.

Todo esto no es decir que seamos seres individuales y únicos sobre la Tierra, quienes eventualmente se ven engullidos por este gran anónimo Yo Completo, dejando de existir tan únicos en cierto punto. En cambio, somos individuos y seres únicos sobre la Tierra, que son incluso más únicos e individualmente expansivos de lo que la mayoría de nosotros somos ahora conscientes. Somos más que tan solo nuestros cuerpos físicos y las mentes limitadas y enfocadas conscientemente en este ambiente físico. Ya somos ese Yo Completo, perfecto, entero y de pensamiento siempre cambiante, del que nosotros podemos sólo ser conscientes de una pequeña porción.

Fue tan obvio, desde la perspectiva del Ambiente del Parpadeo, el que se requiera de una habilidad específica en la parte de la consciencia para operar efectivamente en las vibraciones físicas que ocupamos; y no cualquier consciencia se ha desarrollado a sí misma en esa dirección. Eso no es exactamente fácil desde un punto de vista que pareciera ser, conversacional y paradójicamente, una razón por la que puede ser difícil recordar quiénes somos como Seres Completos, mientras estamos en el mundo físico. Pero el punto es este: «todos nosotros» estamos compartiendo una experiencia única que requiere una habilidad real y sorprendente. No tenemos la menor idea de cuán sorprendentes y geniales somos, en verdad, cada uno de nosotros, y cuán sorprendente y genial es el que podamos mantener un cuerpo físico y comprender la experiencia desde el tiempo y espacio como lo hacemos.

Esta fue parte de la razón por la que recibí admiración por parte de la Asamblea. Lo que parecía bastante básico para mí, el estar familiarizado con el operar dentro de una realidad física, fue reconocido como algo para lo que es requerida una habilidad de alto nivel de especialización, desde la perspectiva de esas personalidades en la Asamblea.

Los intereses y responsabilidades de las personalidades en la Asamblea, todas, de cierta forma, mientras no estaban enfocadas en lo físico, tocaron varios grados sobre este nivel físico que habitamos nosotros, tanto como se extendieron hacia otras dimensiones o vibraciones.

Tomando otro camino hacia deficiencias de lenguaje, utilizo el término «dimensiones» con cierta frustración. La palabra lleva cierta connotación de ciencia ficción para mí, y, tan difícilmente como pueda ser el creerlo, no me gustan la mayoría de los libros de ciencia ficción, películas, cómics, calcomanías, arte, como quieras llamarle; déjenme fuera de ello. (Oh, esperen… sí que me gusta la primer película de Star Wars; y Las Crónicas de Narnia fueron mis libros favoritos de la infancia. Pero en realidad, no disfruto ese arte). La palabra lleva consigo también un poco de bagaje de los hippies y practicantes del New Age; señalando, lo sé, totalmente injusto de mi parte, visiones de trabajos con cristales, rastas, chicos blancos tocando percusiones, tatuajes con significados profundos, dramas autoimpuestos, el pálido resonar de una Enya sintetizada y el sobre utilizado hedor de suficiente patchouli como para drogar a una rata. (Relájate. Me agrada Enya, he utilizado cristales, he tenido mi propio tambor y me he visto involucrada en más que mis propios dramas autoimpuestos compartidos, y continuaré haciéndolo. Sólo estoy mencionándolo… bueno, lee de nuevo el Prefacio).

A pesar de todo, la palabra «dimensión», al usarla de cierta forma, es atractiva al significarse un «aspecto» de algo. De hecho, mi comprensión de varias «dimensiones», o vibraciones, mundos o niveles de enfoque, de consciencia expandida, es que son «aspectos» de una realidad integral. La «propia» realidad incluye toda la «existencia» o consciencia. Es la interminable, desconocida infinidad de la creatividad y una aparente paradoja de números infinitos de individuos únicos que son simultáneamente «uno». Esta conexión integral es, dentro y fuera, y crea, es creada por, y se mueve a través de cada ser único, y «es» parte de todo mientras existe también separadamente de lo que yo llamo «Todo lo que Es».

Este Todo lo que Es puede ser percibido simultáneamente como una fuerza y como una consciencia individual que existe dentro de cada consciencia y, sin embargo, es también separada de cada consciencia o ser. Es a lo que podría referirse como Dios, pero las ideas que tenemos de los dioses son una sombra pálida e incompleta de Todo lo que Es que yo percibo. Proyectar una idea de un dios o varios dioses dentro de esa consciencia infinitamente creativa, inevitablemente limita una comprensión del Todo lo que Es, de forma que refleja la comprensión severamente limitada que tenemos de nosotros mismos y del universo físico.

A lo que me he referido hasta ahora como niveles vibracionales, mundos, realidades o dimensiones, son, bajo mi propia comprensión, niveles focales de consciencia que son tan reales como el mundo físico. En ese sentido, yo los entiendo como «aspectos» de Todo lo que Es, sea lo que sea, la totalidad desconocida de la consciencia y la creación infinitamente expandible.

Dentro de mi comprensión tan elemental de la física cuántica, también la palabra «dimensión» es apropiada. La física, me han dicho, teoriza una estructura para el universo con similitudes de lo que percibo desde la perspectiva del Ambiente del Parpadeo. Nuestra percepción de los sólidos es una ficción e, incluso la más pequeña partícula percibida actualmente, no contiene sólidos de ningún modo, y las dimensiones paralelas existen dentro de nuestra realidad, dimensiones dentro y junto y alrededor de la realidad que percibimos, lo cual implica experiencias y realidades probables y paralelas. En este sentido, la palabra «dimensión» es apropiada. De ahora en adelante, la descripción de su significado puede ser aplicada y usada intercambiablemente con la vibración, nivel vibracional, mundo o realidad.

Volviendo al punto, el concepto de dimensiones abarca una descripción más específica de lo que percibo como intereses y responsabilidades de las personalidades que crearon la Asamblea. Mientras que algunas personalidades operan de forma independiente, la mayoría son partícipes de pequeños grupos, cada uno enfocado en tareas o intereses específicos, dentro de ambientes específicos o puntos focales. Por ejemplo, el interés de un grupo abarca trabajar con energías sanadoras mientras cruzan dimensiones, lo que afecta directa y necesariamente las energías sanadoras entretejidas a través de la dimensión física. Esas son energías sanadoras globales que existen, aparte de la consciencia individual, como una estructura de flujo. Se podría decir ampliamente que informan y fluyen a través de sanadores, trabajando desde dentro de una forma humana; a pesar de que las energías sean específicas para ello en el plano físico, le conciernen a aplicaciones que no son practicadas conscientemente en la corriente principal de la medicina occidental.

Otro grupo de interés se enfoca en el balance de la interacción entre puntos de superposiciones en dimensiones. Las superposiciones, que pudieran suponerse como articulaciones multidimensionales, unen realidades dimensionales (físicas y no físicas) entre sí. El desbalance entre una o entre ellas, puede resultar en el doblamiento de masivos flujos de energías, lo que, sucesivamente, sería consciencia desenfocada y ocasiona lo que puede ser percibido como transfiguración o realineación de la dirección creativa dentro de sistemas de realidades.

Otro grupo representa el mantenimiento de engranajes de energía que soportan leyes de energía dentro y a través del universo físico que nos es familiar, a pesar de que nuestro enfoque actual excluya a la mayoría de lo que es actualmente perceptible. Esos engranajes de energía soportan otros sistemas de energía dimensionales de maneras distintas desde, pero igualmente importantes hacia, la manera en que afectan lo físico.

Otros grupos trabajan en lo que podemos juzgar por ser niveles más limitados. Uno es responsable por asistir la consciencia (incluyendo los humanos físicos, nosotros) a través de transiciones hacia y fuera de los niveles físicos (como un nacimiento o la muerte, por ejemplo). Asimismo, otro grupo se concentra en patrones de energía de ciencia dentro del mundo físico como lo conocemos, haciendo disponible información específica que pudiera ser elegida intuitivamente y ser puesta en uso por nosotros en la consciencia física. Además, otro grupo trabaja exclusivamente con energías que crean, mantienen y guían sistemas culturales en el mundo físico, que podrían ser entendidos como redes de energía que manifiestan en o son manifestados por sistemas de creencias físicos y por complejos sociales.

Estos son solo algunos ejemplos, pero ofrecen una idea del rango de intereses representados por los miles de seres. Las tareas descritas presuponen una estructura o red de innumerables vibraciones o dimensiones de formas físicas, tanto como dimensiones que funcionan y son experimentados puramente como energía. La consciencia presente dentro y a través de todos ellos, para mi comprensión, es un prerrequisito por su existencia y función, ya que la consciencia crea la presencia infinitamente expandible de ellos y experimenta consciencia desde ellos.

La especificidad de algunas de esas tareas no era considerada como lo que pudiéramos considerar como tareas más grandes, amplias o más complejas. Cada una fue reconocida por requerir diferentes pero equivalentes niveles de habilidades y pericia. Para la mayoría, estos seres eran expertos o maestros en sus campos y, una vez más, «co-pasionados» sobre lo que estaban realizando.

No se puede asumir que las personalidades trabajando en esos diferentes niveles puedan estar gobernando cuerpos de forma general, aunque pueda ser una conclusión lógica desde nuestra comprensión conceptual de las estructuras. No son algún grupo de santos ni dioses manipulando realidades. Lo que siento es que las personalidades, mientras experimentaban dentro de su propia dimensión y a través de muchas otras dimensiones, pudieran ser comprendidas como porciones focalizadas de sus propios seres de consciencia expandida, justo como nosotros somos porciones focalizadas de nuestros propios Seres de consciencia expandida. No son el fin ni la excepción de la posibilidad o ejemplos de «avances» de cierto tipo, ni un paso en alguna jerarquía. Están simplemente experimentando su propia experiencia, que es distinta de la nuestra que, en cierto sentido, se entrecruza con la de nosotros, «y» su valor es equivalente a nuestra propia experiencia. Hay una infinidad simultánea de otras estructuras dimensionales que coexisten a través, cruzando, por encima, debajo y alrededor de sí mismas.

Mi propia consciencia dentro del Ambiente del Parpadeo asume la misma comprensión expansiva de energía y «ser» que exhiben esas personalidades. Algunas implicaciones de esa consciencia expandida, a medida que se relaciona a nuestras creencias, suposiciones y acciones en el mundo físico, serán exploradas más profundamente en el capítulo siguiente.

Capítulo 4
Elección, propósito y responsabilidad

El concepto que comuniqué primero, fue que estaba cansada y no tenía interés en regresar al plano físico. Comprendí que la decisión era mía, y, en ese momento, mi decisión fue terminar mi existencia física.

Inmediatamente después de eso, o, quizá más acertadamente, desglosado dentro de eso, presenté lo que parece, desde la percepción mental de mi actual cuerpo/consciencia física, una transferencia de información en forma de una matriz compleja inexplicable. La información era detallada minuciosamente y conceptualmente amplia, con capas cubiertas de una sola vez e infinitamente densa, más, sin embargo, elegantemente simple. Incluía eventos, pensamientos, incidentes, individuos y grupos, en todas sus complejidades de relación; historias, conceptos, conexiones, matices, capas, juicios y proyecciones. Incluía ecuaciones cinéticas y dimensiones, símbolos y corrientes. En lugar de ser una escena clásica de flashazo de vida ante los ojos, esta descarga fue una colección que enfatizaba lo que pudiera ser comprendido a grandes rasgos como información cultural y política. Yo era consciente de que, deliberadamente, ofrecí la información condensada, en requerimiento de una solicitud que se había realizado por las personalidades de esta Asamblea, antes de mi toma de este cuerpo para esta vida física en particular.

A medida que las personalidades digerían la matriz que yo había vuelto disponible, yo estaba nuevamente sorprendida por la admiración que me era enviada de vuelta. Estaban claramente impresionados no solo por mi apariencia de los «Cazadores del arca perdida», sino también por la profundidad y amplitud de información que estaba yo proveyendo. A pesar de eso, yo percibía la tarea como algo fácil y la información, obvia, siendo así, no merecedora de admiración.

Cuando la forma del pensamiento o la matriz fue absorbida por todos, lo cual tomó solo segundos, prosiguieron discusiones entre los diferentes grupos y dentro de toda la Asamblea. Esto podría parecer imposible, considerando que había miles de presentes, pero no lo fue. No sucedieron coincidencias parciales ni tuvieron lugar interrupciones; no se formaron malentendidos, y los desacuerdos eran reflexionados y resueltos respetuosa y cuidadosamente. Toda la comunicación fue lograda a través del pensamiento.

El primer párrafo de esta porción de mi versión contiene implicaciones significantes. Habiendo leído otros relatos de experiencias cercanas a la muerte, he encontrado que muchos de ellos describen alguna entidad o figura que les evita llegar a algún lugar al que querían, o diciéndoles que se les requería regresar a lo físico. Obviamente mi experiencia no incluye una figura de autoridad dirigiendo o guiando mis movimientos. Ya fuera que regresara al mundo físico o que continuara con mis asuntos en algún otro lugar, dependía totalmente de mí.

El tener esa oportunidad de elección implicaba para mí que el libre albedrío es reconocido respetuosamente en el ambiente. No puedo explicar el hecho de que otros fueran dirigidos en contra de su voluntad, a pesar de que las posibilidades cruzan por mi mente. Pudiera ser que aquellos individuos mantenían ciertos hábitos de percepción llevados desde las creencias físicas del despertar de la consciencia, y la autoridad enviándolos de vuelta era, ya sea un ayudante, o simplemente su propia voz en el Yo Completo, mientras que yo supe inmediatamente en dónde estaba, a dónde iba, y confiaba en mi experiencia dentro de la consciencia expandida. Mi retención de la forma de un cuerpo físico mientras me encontraba en el Ambiente del Parpadeo, pudiera ser un equivalente. Mi sentir es que, puede tomar un poco más de tiempo para que se desvanezcan los hábitos adquiridos durante la experiencia física, ya sea que esos hábitos consistan en mantener una forma física, o mantener ciertos patrones de pensamiento que conciernen a expectaciones y creencias que nos ayudan a funcionar en el mundo físico. Si algunos individuos dentro de la experiencia física creen que se encontrarán con un ángel o santo al llegar la muerte de su cuerpo físico, entonces quizá al llegar la muerte, aparecerá ante aquellos individuos una personalidad que habita los estados de consciencia expandida, como un ángel o santo, para ofrecerles guía. O quizá un ángel real o santo exista y quiera conocerlos. Si ciertos individuos esperan encontrarse con sus ancestros, quizá sus ancestros los encuentren.

Mi propia comprensión de la muerte como una transición voluntaria de consciencia, elegida por el individuo, pudiera haber ayudado a formar mi experiencia. Habiendo pasado una gran parte de mi vida confiando en la consciencia expandida, sospecho que pudiera haber estado más cómoda que otros en tenerme a mí misma como algo más que una serie de sinapsis cerebrales encendiéndose. Actuando como mi propia autoridad, el poseer eso como una ley del ser, mis propias creencias tomaron forma a mi gusto o fundaron mi experiencia. Después de todo, desde la perspectiva de una consciencia expandida, es comprensible que la creencia, «pensamiento», crea la realidad.

Cuando revivo la escena, el ambiente general de equidad y respeto entre todos los participantes, señalados en el capítulo anterior, es sorprendente. Una jerarquía de poder está totalmente ausente, y no hay evidencia de evaluación alguna ni juicio castigante. El poder y la responsabilidad recaen en uno mismo, en las exploraciones de uno mismo, el balance y la creatividad dentro de la infinidad cooperativa de Todo lo que Es, la fuerza creativa de todo ser.

Mientras que estaba consciente de cumplir con el acuerdo de proveer información a los individuos en la Asamblea, no sentí juicio aplicado hacia la forma en que llevé a cabo esa obligación ni responsabilidad. No tuvo lugar ninguna autoevaluación sobre si había sido un favor logrado correctamente o uno ejecutado pobremente. Era tal como era y, mientras yo me sentía complacida de que la información fuera útil, también estaba un tanto indiferente hacia el efecto que la información tenía sobre las personalidades que la aceptaban. Habiendo ya comunicado algunos hechos de mi vida física, estaba cansada, pero no juzgué si estaba cansada de hacer buenas acciones o de batallar y fallar al alcanzar objetivos. Se sentía en gran medida como si el único juicio recayendo sobre mi vida física fuera mi propia evaluación de mis méritos, decepciones, triunfos y usos.

A pesar de que una evaluación del «flashazo de una vida entera frente a mis ojos», no tuvo lugar en esa ocasión, estuvo disponible el criterio evaluativo sobre si las acciones de mi vida tuvieron importancia. El primer criterio fue si mi Yo Completo, mi «Ser», fue expandido a profundidad y amplitud, referente a comprender la naturaleza de mi ser dentro de toda la consciencia. Esto tuvo mucha relación con el segundo criterio: la expresión de creatividad. El tercer criterio fue si yo disfruté la experiencia como un todo.

El que mi sentido de Ser haya sido expandido por esta vida hasta la fecha, fue algo dado por hecho, ya que se asume que toda experiencia expande la consciencia del Ser. Si esto sumaba significativamente a ciertas áreas o si fueron particularmente excitantes, inesperadas o novedosas, parecían ser el énfasis para mi propia evaluación. Aún en consciencia física yo disfruté yuxtaposiciones inesperadas o aparentemente bizarras, extremas en posibilidades y encontrando cosas que nunca hubiera imaginado que existieran. Algunas de las otras personalidades presentes exhibían una estructura o énfasis en sus acercamientos hacia la creatividad, que eran totalmente diferentes de la mía, justo como un científico y un artista, en nuestro mundo físico, pueden acercarse al mismo objeto o acción desde puntos de vista totalmente diferentes. Algunas de las personalidades fueron atraídas hacia progresiones metódicamente detalladas, encontrando cada detalle de interés similar. Otras eran atraídas por prioridades de intensidad emocional, mientras que otras eran atraídas por prioridades de lo que yo describiría como una complejidad cerebral. Las preferencias en creación y organización de experiencias, eran aceptadas por completo como válidas. Son simplemente caminos diferentes que conducen al mismo resultado: disfrutar, el placer de jugar con creatividad innata.

Me sorprendió el percatarme de que el goce de una experiencia sea un criterio central para el valor de una vida. Reflejando esta escena, mi pacto de lograr los diferentes pedidos de las personalidades, se basaba «puramente» en mi propio sentido de si yo disfrutaría las tareas propuestas: no «parcialmente» basadas en mi propio sentido de lo que sería divertido, sino en «totalidad». Si no hubiera pensado en que el cumplir con las misiones de la reunión sería divertido, o que las tareas no podrían ser realizadas sin actividades que sirvieran para mis propios intereses, sé, sin lugar a dudas, que no hubiera aceptado. Y, la sensación que me da, es que a nadie le hubiera importado de haber dicho que no. Aquella decisión hubiera sido asumida como válida y totalmente aceptada.

«Si algo no es divertido, no lo hagas», podría parecer un concepto alarmante en el contexto de la consciencia física que conocemos. Nuestra suposición básica, la estructura sobre la cual soportamos nuestras ideas de uno mismo, es que, básicamente, somos defectuosos. Si fuéramos libres de hacer aquello que más disfrutamos, se podría asumir que muchos elegirían hacer el mal o algo disruptivo, cosas egoístas. Se aseguraría el caos. ¿Qué pasaría si alguien disfrutara más de matar gente y pasara su vida entera haciéndolo? ¿Qué si alguien quisiera raptar a un vecino, matar un pariente, robar un banco o dar un golpe? ¿Qué si yo no me quisiera disculpar o si tú no quisieras ir a visitar a tu madre enferma? Asumimos que, si se liberara de las ataduras sociales, religiosas o culturales, liberaríamos los impulsos básicos y aquellos impulsos serían probablemente malos. La religión nos dice que, fundamentalmente, somos pecadores; y la ciencia nos dice que somos supervivientes, fundamentalmente agresivos. Sin embargo, mi experiencia en ambientes de consciencia expandida, me asegura que somos fundamentalmente buenos, sagrados, cooperativos, creativos y sorprendentemente geniales.

Estaba esperando evitar una discusión sobre el bien y el mal, ya que podría probablemente escribir otro libro completo intentando explicar lo que experimenté acerca de esta dicotomía percibida. El sujeto está tan tenso con toda clase de bagaje cultural y religioso, que es difícil de desenredar, pero parece pertinente intentar explicar, de forma muy básica, lo que sentí sobre el bien y el mal desde una perspectiva de consciencia expandida. Desde una perspectiva física, es fácil terminar persiguiendo tu propia cola con esto; intentaré no enredarlo hasta hacerlo nudo.

Desde una perspectiva física, es apropiado concordar en límites de conducta para crear una experiencia armoniosamente colectiva. También puede que sea necesario porque hemos construido nuestra realidad hacia una estructura que rechaza o pasa por alto el entendimiento personal y la consciencia constante de nuestros Seres Completos (y así, nuestra participación en Todo lo que Es), dentro de nuestras vidas físicas. Nuestros juicios o conductas, entonces, son válidos «desde esta perspectiva física» y funcional, «sólo» dentro de ella. Intentamos restringir las acciones de un ratero, un asesino o un secuestrador, con buena razón. Es un juicio de la acción física y un intento por minimizar los efectos perjudiciales sobre la armonía general del mundo físico, nuestra experiencia de consciencia colectiva.

Desde la consciencia expandida, «cada» acción es conocida por expresar creatividad, tener significado e influir en el balance y orden de la totalidad de Todo lo que Es. Desde mis experiencias en las consciencias expandidas, me parece que «ningún ser» es considerado bueno ni malo. «Las acciones» de un ser pueden ser consideradas disruptivas, faltas de armonía o perjudiciales para el flujo creativo dentro de la realidad de cualquiera, pero la «creatividad» de una acción se podría comprender como válida, quizá incluso necesaria o útil, a pesar del disturbio general. Desde una perspectiva física, las acciones de un ser se pueden considerar perturbadoras o malas, mientras que se consideran hermosas, necesarias o una acción creativa valiosa desde la perspectiva de una consciencia expandida, y así, «buena» en todo sentido.

He aquí un ejemplo simplista (o simplificado, pero no necesariamente sencillo). Desde nuestra perspectiva, somos generalmente incapaces de percibir o comprender por completo los roles que un Yo Completo pudiera tomar para elegir ingresar a un cuerpo, pero, desde la consciencia expandida, puede verse como alguien puede acordar actuar de cierta manera para poder asistir a otros para que experimenten algo. Tan increíble como pudiera parecer para nuestra perspectiva en el mundo físico, el hombre que construyó la bomba que estalló en mí, puede haber realizado la acción bajo mis propias órdenes. Esto no implica que, porque haya sido mi pedido, sus acciones sean aceptables dentro del mundo físico, ni que van a ser pasadas por alto. El rol puede haber sido acordado para que el mismo bombardero experimentara lo que es ser perseguido, arrestado, detenido o fusilado, por la violencia que impuso en otros. Las acciones del bombardero no deben ser condenadas en el mundo físico porque él y yo, como Seres Completos, acordamos que yo sería bombardeada; todos nos mantenemos jugando roles dentro del contexto físico (la realidad colectiva de nosotros como Seres Completos, ha elegido enfocarse y participar en eso), de acuerdo a lo que pensamos que es bueno o correcto.

El hecho de que, como un Yo Completo, haya elegido ser bombardeada, se burla de más de una suposición cultural básica. Generalmente asumimos que las cosas nos suceden «a» nosotros, y que hay muchas cosas que simplemente «no» podemos controlar. Los accidentes suceden, los errores se cometen, algunas personas son afortunadas y otras no lo son. Mi experiencia simplemente no apoya esta suposición básica. Ya sea siendo consciente de eso en la mente física o no, mi Yo Completo está totalmente consciente de cada experiencia como un esfuerzo cooperativo entre mi consciencia enfocada dentro del mundo físico, mi Yo Completo, y otros Seres individuales. Yo «construyo» mis experiencias físicas. Las cosas no «me» suceden a mí sin mi permiso; suceden «porque» yo las creé, cocreé, o acordé experimentarlas.

Solamente para complicar el asunto en una (o varias) direcciones, desde la consciencia expandida, se comprende que los seres pueden volverse tan enfocados dentro de una realidad, que pierden totalmente (temporalmente) el sentido de su Yo Completo. Dentro de esa desconexión, pueden ocasionar toda clase de desastres a través de la acción enfocada pero no cooperativa. Esto no es causa de castigo; es causa de sanación.

Aunque en cierto sentido todos los actos sean creativos, válidos y buenos desde la perspectiva de la consciencia expandida, actos de violencia y conflicto, tanto como la competencia y agresión, no son acciones esenciales que soportan el mejor reflejo o expresión de Todo lo que Es. Tampoco expresan una consciencia de nuestro propio bien inherente o nuestra conexión cooperativa hacia cualquier otra consciencia. Estas acciones están «fuera de armonía» con nuestros Seres y con el flujo de nuestra creatividad colectiva cuando se encuentra en su «mejor punto». Ellas «disminuyen» nuestra capacidad para crear un reflejo de lo que somos y quiénes somos en realidad: seres co-pasionalmente buenos y hermosos.

Hemos construido nuestro concepto del mundo sobre la suposición de lo que los humanos son básicamente defectuosos, y eso no nos ha dado un mundo particularmente atractivo: competición, avaricia, pobreza, guerra, odio, miedo. Sin embargo, nos ha dado un espejo, un mundo que refleja nuestros miedos y suposiciones básicas. Una conciencia del mundo físico de consciencia expandida, puede asumir respeto por nosotros mismos y todos los demás seres, manifestando una armonía natural de creatividad mutua en el mundo físico. Hasta que esa conciencia sea común, lo que estamos experimentando ahora, de forma individual y colectiva, es «también» una expresión de nuestro Yo Completo en toda nuestra profunda bondad. Tiene sentido. Para nuestros Seres Completos «esta» vida es creativa y entretenida; importa. Mi Yo Completo elige este enfoque físico y esta cultura específica, y continúa eligiendo mis experiencias dentro de ellos.

Esto no quiere decir que nuestro concepto de la realidad no pueda evolucionar hacia algo más sencillo, más armonioso o más satisfactorio de lo que hemos creado hasta la fecha. La vida puede tomar forma hacia algo que «ambas», las perspectivas de la consciencia expandida y la consciencia física, considerarían satisfactorio y hermoso. La violencia, el miedo, la competencia y otras experiencias esencialmente destructivas, pueden ser interesantes para expandir la consciencia, pero, lo admito, no son exactamente nuestra mejor forma para dar el siguiente paso.

Demasiado sobre el bien y el mal. Proseguiré antes de atrapar mi propia cola y masticarla en pedazos.

Los criterios que he utilizado al juzgar mis experiencias, intensifican una consciencia de la que soy totalmente responsable por todo lo que he experimentado en mi vida física. En las mejores circunstancias, mi Yo Completo y mi mente de consciencia física, trabajarían en conjunto para formar una experiencia que un ser integrado pudiera disfrutar. Sin embargo, las suposiciones y creencias básicas del mundo físico a menudo bloquean una expresión simple de la creatividad del Yo Completo.

Siendo que nuestras vidas son esfuerzos cooperativos, el Yo Completo no, o quizá es incapaz continuamente, de trabajar a través de las creencias del mundo físico si ellas contradicen su intensión. La mente consciente es un creador de igual poder para el Yo Completo, así que las creencias forman necesariamente las experiencias, tanto como lo hacen las intenciones del Yo Completo. «Los pensamientos crean las experiencias», significa que el Yo Completo «y» los propios pensamientos conscientes, crean las experiencias. Al negar la realidad de lo no físico y sobre quiénes somos como Seres Completos, no somos solo ajenos a nuestra propia mano creando las vidas que dirigimos, sino que nos interponemos en nuestros propios caminos. Al aferrarnos firmemente a nuestras creencias, estamos peleando en contra de nosotros mismos.

Puede ser que mi Yo Completo orquestara la experiencia de ser bombardeada, pero podría ser también que las creencias de mi ser físico y los pensamientos, fueron los responsables. Y si fuera un creencia inconsciente o subconsciente lo que me hizo ser bombardeada, hubiera sido posible buscar asiduamente las creencias que apoyaban esa experiencia y cambiarlas. Estaba «dentro de mi poder» hacerlo. Y sin cambiar las creencias que invitaban a la muerte cercana (estoy cansada, la vida es difícil y para nada más interesante, por ejemplo), pude sanar mis heridas, pero probablemente sólo creando otra oportunidad para manifestar dichas creencias.

El concepto de que la «experiencia sigue al pensamiento», puede ser aplicado a cualquier cosa. Si soy pobre y quiero ser rico, seré capaz de buscar asiduamente las creencias que me mantienen en la pobreza, reemplazándolas con creencias que soportan el bienestar. Mi comprensión es que el Yo Completo está deseando, o quizá, en algunos casos está «ligado a», doblegarse ante las creencias, peticiones y direcciones del enfoque de la propia consciencia. Es como si este enfoque de consciencia de nuestro Ser jugara un rol, y el Yo Completo permitirá el flujo de esa improvisación y la apoyará. Para el Yo Completo, lo que sea que yo cree será significativo, creativo y divertido.

Ya sea mi mente física o el Yo Completo creando la experiencia, no hay «estatus de víctima» posible. Mis acciones, emociones y pensamientos no son un producto de los padres, escuela, televisión, abuso, pobreza, prejuicios sociales, racismo, sexismo o política, ciegamente y sin esperanza. Yo ingresé al mundo físico como un Yo Completo, una personalidad completa, una consciencia con intenciones y acuerdos. El ser bombardeado mediante una bomba caminera en Iraq, no es culpa de la persona que construyó la bomba, la persona que la puso ahí ni de la persona que la activó. No fue mala suerte ni coincidencia. Fue un evento que mi Ser cooperativamente creó y al que accedió y, para mi Ser, ese evento fue y es significativo, creativo y divertido. Puede haber sido innecesario o evitado si hubiera desarrollado sistemas de creencias diferentes de forma consciente, pero el valor de la experiencia no disminuye por aquel factor.

Con esta comprensión, puedo estar en circunstancias poco placenteras, pero la diversión de mi mente consciente es comprendida como una elección que puede ser destruida únicamente por «mi elección de perspectiva». Puedo elegir verme a mí misma como víctima de las circunstancias o como un instigador creativo y un compañero cooperativo. Puedo elegir ver mi circunstancia como aleatoria o insignificante, o encontrar y crear un significado en ella. Mi diversión no necesita ser destruida por un coronel egocéntrico, un administrador irremediablemente ignorante, la plática incesante por celular de alguien prepotente en un avión, o por perder la vista en un ojo. Mi trabajo es destruido por «creer que pueden afectar mi diversión», y así, haciéndolo posible. En el momento en que me vuelvo consciente de mí misma como un Yo completo, dejo de ser una víctima de todo. Al contrario, me torno en el creador cooperativo de mi propia experiencia, totalmente responsable. Es posible cambiar mi trayectoria cambiando mis pensamientos.

El decir eso no significa implicar que he dominado esta perspectiva en mi propia vida física. Esto no es siempre fácil de aplicar. Conectar conscientemente a las intenciones de mi Yo Completo, no es siempre sencillo, y las creencias, frecuentemente, son profundamente asentadas o, quizá, difíciles de identificar, aún más de disolver o cambiar. Y, ciertamente, cambiar las creencias de uno mismo puede parecer como algo absurdamente simple o una aproximación sosa hacia la felicidad para alguien muerto de hambre, ciego o sin extremidades; no es mi intensión minimizar la realidad del dolor y la angustia: existe, es real e importa. Personalmente, estando en la agonía de una migraña o dolor nervioso, o cayendo de las escaleras por tener un solo ojo funcionando completamente, no permite la mejor profundidad del tema; no me pregunto cómo estoy creando este tormento ni navego entre mis creencias para encontrar la causa. A menudo soy, no obstante, consciente de, y al menos un poco sorprendida por mi percepción de estos eventos como defectos de mi vida. También estoy perpetuamente segura de que yo cree la experiencia, así que, después de que la maldición tomó su rumbo, un pequeño cambio en mis creencias o una pequeña charla con mi Yo Completo «establece» algunas veces el orden. Las diferencias entre las intenciones del Yo Completo y las intenciones de nuestras mentes de consciencia física, pueden formar una gran brecha que puede parecer frustrante, si no completamente indignante.

Describir la idea de que cada uno de nosotros escogemos nuestras experiencias, sin importar cuán difícil o repugnante sea, me preocupa por la posibilidad de las suposiciones erróneas creadas desde la afirmación. No es la «culpa» de alguien si se lastiman, de lo contrario, tienen una vida difícil. Nuestras creencias culturales apoyan ideas que consideran que cualquier cosa menor a una perfección idealizada es un falla, un error, un problema, una carencia, una debilidad o los sueldos del pecado. La ciencia nos dice que solo el fuerte sobrevive, lo que crea la enfermedad o el envejecimiento; o que la herida crea una amenaza implícita y, una vez más, una «falta». La religión nos dice que las cosas buenas le suceden a la gente buena. Es absolutamente esencial comprender que, desde la perspectiva de la consciencia expandida, «toda experiencia tiene valor». Así que, cuando digo que es mi responsabilidad y elección el haber sido bombardeada, y es la elección de otros haber sido lastimados o heridos, o estar viviendo vidas difíciles, no debe interpretarse como culpar. Yo «no» estoy pensando: «es mi culpa». Más bien estoy pensando: «este es un regalo único de mí misma. Puedo intentar apreciarlo de cierta forma».

La variedad tambaleante de nuestras vidas personales puede y quizá debería ser considerada como fascinante y excitante para nosotros mismos y para los demás. En lugar de pensar: «¡Vaya, esa persona está realmente jodida!», podría pensar: «¡Vaya, esa experiencia tomó agallas», «Aquél sí que toma picos altos de drama», o bien: «Oh, demasiado sutil», «Mierda, realmente se están esforzando», o: «Vaya, son como un microcosmos del macrocosmos de lo que está sucediendo en el mundo», o: «Me pregunto qué están/estoy haciendo con esto. Me pregunto cómo encaja esto en la cooperación de la creación total». Quizá puedo aprender de las experiencias de alguien; pueden estar explorando algo por lo que yo no quisiera pasar, pero puedo aprender vicariamente de eso. Pueden estar creando algo que nunca me hubiera imaginado, pero me inspira.

Comprender las cosas de esta manera, no niega la compasión por el dolor y el sufrimiento. Quizá, paradójicamente, me hace más sensible a eso. Sé que, en el enfoque intenso de estar en lo físico, los dolores, desagrados y dificultades son terriblemente reales y pueden sentirse infinitamente y totalmente sin esperanzas. Mi propia compasión es intensa y puede estar casi lisiada, quizá en parte porque he estado en alguna situación similar, pero también porque quiero ser capaz de sacudir mi mano sobre el problema para hacerlo desaparecer, la manera en que fui capaz de hacer algo por mí misma en mi situación extracorporal. Quiero darle a otros un parpadeo de la perspectiva expandida que yo experimenté, para poder asegurarles que su dolor no es para siempre, hay una razón y un valor en eso, y la razón es suya propia; la experiencia es potencialmente tan valiosa como lo es su dolor, tan intenso y real.

Sabiendo que la vida puede ser absolutamente miserable y difícil, estoy sugiriendo que, en algunas ocasiones, la felicidad puede ser encontrada incluso dentro y entre las experiencias difíciles. Nuestra forma de pensar sobre la experiencia, puede transformarla de formas sorprendentes. Al volverse conscientes de eso, creamos esta experiencia en cierto nivel y eso es valiosos para nuestro Ser, una nueva perspectiva se puede ganar y puede cambiar nuestras emociones y pensamientos a pesar de las experiencias físicas.

Regresando al Ambiente del Parpadeo, ¡vaya! ¿en dónde estábamos? Oh sí, hemos establecido que soy mi propia autoridad por completo. Soy libre de partir o quedarme, soy libre de alterar los acuerdos, negarlos o crear nuevos. Puedo ser indiferente ante mi intención original o expandirla. En cada intento, puedo elegir un camino hacia su culminación, o el de otro, dentro de un número infinito de caminos, como sea que le parezca más divertido a mi Yo Completo. Al final, el propósito es mi propia elección y el propósito es dirigido por mi propia intensión personal.

Por suerte, en este momento me encuentro en el Ambiente del Parpadeo, así que estoy consciente de que estoy intensamente, totalmente y perfectamente «bien», profundamente contenta, casualmente confiada, ampliamente compasiva, enormemente curiosa e infinitamente creativa. Mi perturbador sentido del humor, corto temperamento e irritabilidad con el mundo tal como es, ha sido dejado atrás, así que no parezco regresar a la Tierra para golpear a las personas con las que he sido gruñona durante mi vida física: los obstructivos burócratas se pueden relajar; los coroneles egocentristas pueden respirar con facilidad; los tontos que escriben por celular mientras conducen por la ciudad, se encuentran fuera de mi ira. Para ser honesta, no siento ninguna atadura hacia la gente, los paisajes o las situaciones que dejé atrás, que, desde lo físico, pudiera juzgar como negocios no terminados. No estoy particularmente interesada en mi regreso a lo físico. Estoy cansada. No me importaría tomar un buen descanso.

Sin embargo, dada una adecuada motivación, como quizá: ¿la perspectiva de hacer cosas potencialmente divertidas, que no había pensado hacer? Tentador...

Capítulo 5
Habilidades y la conexión consciencia/cuerpo

Entonces, pidieron que yo regresara a mi cuerpo físico para completar algún trabajo más. Se me hizo entender que mis habilidades particulares con energía eran necesarias en esta época, y serían efectivas solo si yo estaba actualmente presente en un cuerpo dentro de la vibración terrestre. Yo argumenté que lo deseaba, pero dado mi nivel de cansancio y desinterés en las dificultades de esta vida particular hasta la fecha, pediría que se proveyera cierta asistencia dentro de esa existencia física que continuaría.

El hecho de que pudiera haber sido tan fácilmente tentada a regresar a lo físico cuando estaba tan exhausta, ahora me es sorprendente. También soy un poco obsesiva sobre las tareas en la vida física. (Me gusta llamarles «dirigidas»).

Vacilo en delinear o discutir específicamente las habilidades que fueron señaladas como útiles en la Asamblea. La considero únicas e interesantes para mí porque son mías, pero no quiero que una descripción de alguna de ellas sea interpretada como grandiosa o «especial» en la jerarquía del valor de alguien. Partes de nuestra cultura elevan artificialmente ciertas habilidades al atribuirlas a almas avanzadas, místicas, proféticas, yoguis o chamanes. Otras partes de nuestra cultura relegan alguna de las habilidades hacia el tambo de basura de la psicología, lo mentalmente iluso. Ambas son distorsiones de lo que considero que es la percepción normal y habilidades universalmente accesibles. Desde el punto de vista del Ambiente del Parpadeo, todos somos un poco ilusos o trastornados en algunas de nuestras creencias colectivas sobre lo que es real. Alguna vez se asumió que la Tierra era plana, y si creemos que no somos engañados ahora por certezas equivalentes, la arrogancia ignorante, aunque entrañable, será indudablemente probada en cierto punto. Al mismo tiempo, todos somos chamanes, por nosotros mismos y para cada quien.

Para el lector, una discusión general de habilidades y valores puede ser más útil que una descripción de mis habilidades particulares. Mi experiencia en el Ambiente del Parpadeo sugiere que las habilidades que disfrutamos utilizar en el mundo físico, son a menudo la misma reflexión de las habilidades de nuestros Yos Completos, nuestras almas, si así lo prefieres. Dada una elección de tareas realizadas, que mejor les sientan a un contador o a un artista, gravitaré más naturalmente hacia las tareas artísticas porque me permitirían actuar a favor de las habilidades favorecedoras e intereses de mi Yo Completo. Si soy un doctor en el mundo físico, eso reflejaría los intereses de mi personalidad expandida en salud, servicio o mitigar la desarmonía de la consciencia. Si soy un ingeniero, eso pudiera ser una expresión de los intereses de mi Yo Completo en los mecanismos de sistemas y la manipulación de energías hacia fines específicos.

Es casi imposible para la mayoría de nosotros el remover ideas de jerarquías de valor, competencia y rangos, desde nuestras percepciones. Dentro del mundo físico, las posibilidades de variación dentro de la experiencia son infinitas, pero no hay juicio de igual valor; sus efectos son medidos en contra de otros en lugar de uno mismo. Desde ese punto tendemos a ranquear a las personas en jerarquía de importancia: a cuántos «otros» afecta «este», cuán difícil o complejo es este trabajo en comparación al otro, y/o sobre cuántos otros objetos uno ejerce control. Ese valor asignado se deriva desde un marco que no existe en el Ambiente del Parpadeo.

Desde la perspectiva del Ambiente del Parpadeo, es reconocida la excelencia en la expresión de una habilidad, apreciada y utilizada, pero que no compite. Algunos individuos pueden ser más adeptos en maximizar la expresión de sus habilidades dentro de ciertas dimensiones; o algunos pueden atentar combinar la expresión de habilidades al mismo tiempo, más de lo que otros pueden hacer. Unos pocos pueden elegir particularmente circunstancias difíciles que limitan la expresión de cierta forma para retarse a sí mismos, para descubrir nuevas formas de usar sus habilidades; otros pueden elegir desarrollar habilidades para las que no tienen una afinidad natural, para expandirse a sí mismos hacia esa dirección. Las posibilidades de variación dentro de la experiencia son infinitas y de igual valor para toda la creación.

Es imposible estar «sin efecto», y todas las personalidades experimentan lo que es deseado y valorado «por ellos mismos», lo que es finalmente lo que importa. Dado que cada ser es un componente vital del todo y está en balance con él, crear algo sin valor es simplemente imposible. Alguien realizando una tarea relativamente pequeña puede experimentar tremendo crecimiento y expansión como un Yo Completo; mientras que otros realizan lo que podríamos percibir como grandes y complejas responsabilidades, que pudieran ser pan comido para desafiarse a ellos mismos. Sin embargo, aquellos con pan comido están teniendo efecto, y ese efecto es valioso. Una personalidad puede elegir explorar una dimensión que es completamente desconocida, hurgando por ahí, siendo inefectivo en cierto sentido, pero satisface un intento personal de experiencia novedosa; otro pudiera regresar incontables veces a la misma dimensión para dominar completamente sus particularidades. Todas ellas son válidas y apreciadas por igual. Son evaluadas solo por el Ser en relación con la intención del Ser. El Ser está naturalmente alineado con Todo lo que Es, así que, toda experiencia apoya naturalmente a cualquier otro ser.

En este contexto, se creyó que mis habilidades particulares eran válidas para distintos deseos u objetivos de la Asamblea, y las intenciones de la Asamblea me interesaban a mí, ya que estaban alineadas a mis propios intereses. Las aplicaciones propuestas para el uso de mis habilidades, me intrigaban.

Que las habilidades fueran solo efectivas si yo estaba presente en un cuerpo, parecía tener que ver con la capacidad de las energías para interactuar entre dimensiones. Para poder tener efecto en cualquier dimensión, se requiere una armonía en la parte en la cual se intenta tener efecto. Cada dimensión tiene su propio complejo único de vibraciones, que puede definir las posibilidades y límites de acción dentro de ellas. Si alguna personalidad no tiene o no puede lograr una armonía con un patrón dimensional, sus esfuerzos no serán sentidos dentro de la dimensión, el efecto será debilitado, distorsionado, o pasará entre lo que es percibido como real sin efecto. Si uno puede alcanzar la armonía con la dimensión, la acción tomada tendrá efecto en dicha dimensión, y el efecto puede ser tan limpio como la habilidad del individuo y el intento lo permitan. La acción puede ser percibida para doblegar o girar un flujo de energía, fortalecer la dirección general del flujo o una corriente específica dentro de él, o puede alterarlo radicalmente.

Anteriormente, describí la interacción entre dimensiones o niveles vibracionales como articulaciones y locaciones que se entrelazan. Todas las dimensiones están conectadas en lo que puede ser visualizado como una red, sin embargo, ninguna dimensión ofrece acceso directo a todas las demás dimensiones. Esto puede tenerse en mente en relación a la efectividad o la intención/acción desde dentro o fuera de la dimensión física: el efecto puede ser alcanzado desde las dimensiones que están en la intersección o que se entrecruzan, pero esos efectos pueden ser diluidos o limitados dependiendo de varias características de la dimensión. Trabajar desde dentro de una dimensión permite un rango más grande de efecto.

Como ejemplo, imagina una reunión de seis u ocho amigos cercanos. La conversación se desarrolla con un flujo natural, apoyado por una sinfonía compleja de, al menos, sentimientos compartidos (todos se agradan los unos a los otros, probablemente por diferentes razones), recuerdos compartidos (saben bastante sobre las vidas de los demás, algunos más que otros), y conducta aprendida colectivamente (reglas culturales y normas de interacción social, suposiciones sobre lo que es real, lo que es significativo, etc.). Ahora, introduce un gato. El gato entra en la habitación y se sienta a un lado del sofá observando a todos, teniendo pensamientos de gatos: «hay un ratón en la esquina de tu cocina».

Nadie nota al gato, ni al ratón. El gato ocupa un espacio que se pasa por alto en la interacción entre los amigos, debido a su punto de enfoque. A pesar de que el gato está ahí, totalmente consciente de los amigos, físicamente existiendo tan «supuestamente» sólido como la gente, no tiene suficiente en común para tener un efecto sobre «esas» personas en el momento «presente». El gato es el equivalente de una dimensión sobrepuesta, sin tener la integración completa de una armonía total. El gato está en armonía con la dimensión del ratón, pero es pasado por alto desde la dimensión humana.

Ahora, otra amiga humana entra por la puerta, y, erizada con emoción, interrumpe el flujo de interacción al gritar que ha visto un ratón mientras entraba a la cocina. Advierte al gato y dice: «¡Gato! ¿Qué estás haciendo? ¡Ve a comer al ratón!»

El tono, flujo y el ambiente de la habitación cambia de forma instantánea. Esta amiga ha interactuado en una forma armónica con la realidad del grupo, en parte siendo una compañera humana que hizo su anuncio de forma fácilmente comunicada. Así que, a pesar de que su noticia es inesperada y puede haber incluso parecido alarmante para alguno de sus amigos, estando lejos de cualquier cosa que ellos imaginaban que podría entrar en el momento, «es» percibida y su efecto tuvo influencia continua. Esta humana está en armonía cercana con el grupo y, debido a eso, es capaz de introducir un nuevo elemento y cambiar el flujo de energía de la habitación. También ha atraído la atención hacia un traslapamiento en las dimensiones de un humano y un gato/ratón.

A modo de ejemplo más compacto, imagina la música siendo el equivalente de una dimensión. La música es efectiva para nosotros solo dentro del rango humano de los mecanismos auditivos. Hay infinitas notas disponibles en todas las dimensiones, pero, para el efecto en las dimensiones físicas, las notas deben encontrarse en el rango físico. Volviendo al gato, lo que es audible para el gato, no es necesariamente audible para los humanos, pero una parte suficiente de su percepción reside dentro de rangos compartidos, que son capaces de interactuar y afectar a los demás.

En la dimensión del mundo físico, como en cualquier dimensión, una armonía energética apropiada debe concordar con un grado que permita la interacción. Eso no quiere decir que uno debe estar en una forma física para tener algún efecto. En el contexto de la metáfora de la música, los sonidos que no nos son audibles han demostrado tener efecto. De forma similar, el efecto puede ser logrado sin una forma física, pero algunas influencias son alcanzadas más fácilmente en las dimensiones físicas al entrar a un cuerpo físico, participando. Al hacerlo, un traslapamiento será extensivo, permitiendo el potencial del efecto más intenso.

Así que mis habilidades son reconocidas y solicitadas, y las razones para aplicarlas desde la dimensión física, son comprendidas. Pero oye, quiero algo de ayuda si voy a regresar al cuerpo físico. Ya cansada, volver a un cuerpo que fue recién bombardeado pudiera significar lidiar con muchas limitaciones inconvenientes y distracciones que suenan como un montón de trabajo poco placentero y tedioso. Fresca desde lo físico, tengo claro cuán difícil puede ser manifestar experiencias y situaciones que son divertidas para el cuerpo físico y la mente, que puede ser inquietantemente diferente de la idea de diversión del Yo Completo. Francamente, no estoy tan interesada en pasearme nuevamente en esa clase de lugar.

Desde la cómoda perspectiva del Ambiente del Parpadeo, la vida física puede ser imaginada como el equivalente de ver una película. Mientras se reproduce, nos sumergimos en ella, aceptando la premisa, compartiendo las emociones y cuidando cómo concluyen los conflictos. Cuando la película se termina, nos volvemos rápido a la vida «real». A pesar de que las emociones pueden persistir, sabemos que la película no fue «real». Nadie murió de verdad. La ciudad no fue aniquilada. Los monstruos aterradores no atravesarán la pared de la sala de estar. El argumento de la película quizá llevaba mensajes o lecciones, o mantenía un significado personal, que ahora poseemos al caminar afuera del cine; si no lo hiciera, probablemente pensaríamos que fue una película aburrida, así que la experiencia fue importante. Puede incluso haber sido revivida en la memoria de alguien o en otro cine. Las ideas y emociones fueron divertidas o informativas. Fueron valiosas. Pero no consideramos la historia como real.

En cierto sentido, las vidas físicas que estamos viviendo ahora, se ven de esa manera desde el Ambiente del Parpadeo. Las experiencia de vivir es considerada invaluable, significativa y divertida; sus dolores, conflictos, horrores, dificultades, ansiedades y frustraciones, no son calamidades para nada. Desde el Ambiente del Parpadeo es fácil minimizar o ignorar las cosas que considero difíciles, porque sé el final y el final siempre es bueno. Siempre salgo del cine. En ese sentido, aquellas cosas que me vuelven loco en el mundo físico no son reales ni perduran. Desde el interior del momento físico, las experiencias pueden sentirse casi imposibles de soportar, mientras que, desde el Ambiente del Parpadeo, son percibidas tan solo como de un instante de duración, valioso, maravilloso y falto de carga emocional.

Una niña se cae y se raspa su rodilla, sólo un pequeño raspón. Llora y corre hacia su mamá. La mamá besa la rodilla, ríe, da palmaditas en la cabeza de la niña y continúa con sus asuntos, sabiendo que la niña está bien. «No fue nada, sólo un pequeño raspón». Esa viñeta describe mi percepción de nuestras vidas, desde la perspectiva del Ambiente del Parpadeo: toda nuestra angustia y pruebas no son para tanto. Sin importar cuán calamitosas, difíciles, horribles, desgarradoras, descorazonadoras, dolorosas o perdurables sean para nosotros, desde la perspectiva de lo físico, «que en verdad lo son, todas ellas», las experiencias continúan siendo sólo pequeños raspones para nuestros Yos Completos.

Al estar fresca del mundo físico y tan solo hace momentos haber sido bombardeada mediante una bomba caminera (por, sobre todo), retengo la realidad vívida de la perspectiva de la consciencia física. ¿Estás bromeando? Estoy exhausta de ello y ¡no he siquiera comenzado con los resultados del bombardeo! Así que, mientras estoy en la satisfacción profunda y en la maravilla confidente de mi propia consciencia expandida, la inmediación de esa consciencia expandida me permite el vasto alivio de saber que mis problemas de la vida física son «solo raspones». Y, a pesar de eso, estoy perfecta y totalmente consciente de que lo que parece ser un rasguño para la consciencia expandida, puede parecer largo, doloroso, dificultoso, tedioso y desagradable para mi consciencia en el mundo físico, y no me agrada.

Estoy deseando regresar a lo físico, pero quiero alguna garantía de que no será regresar a lo infinitamente tedioso o a las dificultades calamitosas. Me gustaría algo que sea tan divertido para el cuerpo físico y la consciencia limitada, como sería de divertido para el espíritu. ¿Habrías «tú» dejado que esta oportunidad pasara desapercibida? ¡Yo creo que no! No estoy siempre en lo correcto, pero puedo estarlo en esto. Está muy bien disfrutar de la película, pero no veo por qué no puedo también estar disfrutando «en» la película. Y, personalmente, no me agradan las películas de terror. No creo que el estar asustado sea divertido para nada. No siempre encuentro disfrutable el estar emocionalmente enredada, puesta a prueba y desgarrada. Las películas terriblemente tristes no son relajantes ni divertidas para mí. El humor juvenil, personajes poco imaginativos o los diálogos predecibles son tontos, no me gusta estar aburrida. Historias de amor enredadas, misterios complejos, historias de aventuras o acción con finales felices y bastante humor ingenioso que aligere cualquier película, son grandes éxitos para mí.

Obviamente, dudaba de mi propia habilidad para crear y mantener consistentemente experiencias divertidas, desde la existencia física. Así que propuse que tuviera una pequeña ayuda con los aspectos más mundanos, sosos, dolorosos y poco placenteros de la vida.

¿He obtenido esa asistencia? Volveré a ese asunto en el Capítulo nueve. Mientras tanto, estoy por parpadear dentro de otro ambiente.

Capítulo 6
R y R

Mientras todos digeríamos ciertos detalles, me retraje hacia un lugar profundo, al que me referiré como una dimensión vibracional diferente, a falta de una mejor descripción, en donde pude recuperarme y recobrar mis energías. Otros seres asistieron con esto, realizando la mayor parte del trabajo, mientras yo entraba en una clase de estado espiritual profundo de descanso. Desde la perspectiva física, este estado duró un equivalente a siglos, en menos de un momento.

Cuando regresé a la Asamblea, acordamos algunas tareas específicas que yo terminaría y cosas específicas con las que ellos me asistirían, una vez que estuviera de vuelta en el plano físico. Esto no era una «negociación», como podríamos asumir desde nuestra perspectiva cultural. Era más bien un ofrecimiento genuino de servicios, sin peso agregado a su valor, ni un costo relativo de esfuerzo implicado en cada acuerdo.

Habiendo establecido la asistencia práctica para la trayectoria de mi vida física, si finalmente estuviera de acuerdo en regresar a una, me moví hacia un lugar adecuado para mi descanso.

De nuevo, no hay guía alguna o dirección exterior involucrada en llegar a donde yo quiero ir. Al parecer, sé exactamente a dónde ir y «llegar ahí en un parpadeo, a través de mi intensión».

Ahora, observando la experiencia desde afuera, parece como si me hubiera plegado sobre mí misma hacia adentro, hasta quedar completamente cubierta por mí. Sin embargo, en vez de llevarme a una realidad más pequeña, es como si saliera desde dentro mío hacia afuera, emergiendo a un lugar igualmente espacioso, pero diferente. Dentro de él, no tengo fronteras. Como consciencia, soy ilimitada, enorme, sin bordes ni definición. Este espacio ilimitado parece ser obscuro al principio. Aun así, esta obscuridad no es impenetrable. Es más bien como imagino que debe ser el espacio exterior: es como si la obscuridad, en sí misma, contuviese toda la luz y una profundidad capaz de ser palpable y vista. Podría ser descrita como una sensación de luz «potencial», ¿Recuerdas al Conejo de Pascua?

El silencio del vasto espacio y su quietud son profundamente pacíficos. Aunque la idea de un vacío tan vasto pueda parecer frío e intimidante para algunos, esta vastedad es íntima y acogedora. Imagina acurrucarte dentro de un edredón grueso de plumón, en la cama más acogedora que puedas imaginar, mientras que una tormenta de nieve ruge en el exterior. Entonces, cierra tus ojos y, mientras te sientes tan cómodo físicamente, entra en la obscuridad infinita, pacífica y creativa del espacio de la mente. Imagina tu cuerpo tan liviano como sea posible, sin límites ahí dentro, y así, puede que se aproxime a la profunda alegría que sentí en el Ambiente de Descanso.

Este intervalo en el Ambiente de Descanso duró un momento, «y por siempre». Ahora puedo sumergirme en ese estado y sentir como si siempre hubiera estado ahí, y soy capaz de permanecer ahí por siempre, si así lo deseara. Todavía me quedo ahí, a la deriva, suspendida por largos periodos y, aun así, regreso y me encuentro con que solo han pasado dos o tres segundos dentro del plano físico.

El Ambiente de Descanso parece una dimensión diferente a la del Ambiente del Parpadeo. Quiero describirlo como estar en un hilo diferente de Tiempo/Espacio, fuera de las dimensiones de forma física. Puede que no sea posible crear una forma física en esta dimensión, mientras que el Ambiente del Parpadeo tiene variaciones de carácter físico, si uno elige trabajar con eso. Este hilo, en realidad, se siente como si fuera «profundamente privado», como si no fuera accesible para nadie sin mi guía ni permiso.

Una vez en las profundidades, realizo lo que pudiera ser una variación de la revisión de la vida que otros han reportado sobre regresar al estado físico después de una experiencia cercana a la muerte. No hubo ninguna deliberación, lo que significa que no me acomodo y digo: «Está bien, adelante». Es más bien un desvío casual hacia la reflexión, la forma en la que tendemos a quedarnos dormidos con imágenes fluyendo suavemente. Y, mientras que de alguna manera mi vida corre ante mis ojos, no es un destello tanto como una deambulación a través de la vida, profunda y con múltiples capas, instantánea pero tranquila. Simultáneamente, percibo estratos de emoción, experiencias mentales y físicas con conexiones subyacentes, patrones y progresiones, así como los vínculos entre ellos. Capas y vínculos que no reconocemos como reales en la consciencia física, se vuelven obvios. Las coincidencias son reveladas como tejidos conectivos entre aspectos más profundos de las intersecciones entre la autoconsciencia y la experiencia física. Los patrones entrelazados de mi conexión con toda consciencia, se volvieron aparentes; «toda consciencia», incluyendo a otras personas, eventos masivos, objetos, animales, plantas, elementos, lo que percibimos como moléculas individuales, átomos, partículas subatómicas y energías. A pesar de que arbitrariamente asignemos consciencia solamente a pocas cosas dentro de nuestra definición de lo que es real en el universo físico, dentro de la perspectiva de la consciencia expandida se vuelve claro que toda forma tiene consciencia. Y toda consciencia coopera para cocrear y mantener lo que pensamos que es nuestra realidad en el mundo físico.

Estas percepciones están disponibles visualmente, pero la imposible profundidad y riqueza, es una experiencia de absorción multisensorial, una digestión e integración para las cuales nuestro idioma no tiene palabras adecuadas para describir. Existe una consciencia simultánea de la interconexión de innumerables hilos del ser, expansión, posibilidades y probabilidades, retroceder y avanzar en el tiempo, a un lado y entre lo que percibimos del plano físico. La digestión e integración de múltiples estratos incluye caminos alternativos de acción, reacción, e interacción de cómo pudieron haberse presentado éstos, si hubiera elegido una u otra opción, en lugar de la acción que elegí para continuar en cualquier momento de la vida física. Son percibidos como exploraciones, similares a sueños dentro de este Ambiente de Descanso, que notifican las acciones y movimientos que elegí a través de mi enfoque, para emprenderlo o vivirlo.

El proceso de revisión no es analítico, ya que no es lineal ni evaluativo en una forma en la que pudiéramos comprender desde dentro de una consciencia física. Las experiencias son absorbidas desde todos los niveles de comprensión y percepción al mismo tiempo. Los sentidos de percepción se sienten como una expansión de los sentidos físicos que utilizamos en la Tierra, aunque conectados de una manera más cercana entre sí. Si escucho un sonido, es mucho más enriquecedor que cualquier otro que se pueda imaginar en la experiencia física. Al mismo tiempo en que escucho el sonido, también soy capaz de saborearlo, de sentirlo y de percibirlo visualmente. Entonces, de alguna manera, un solo sentido es todos los sentidos a la vez, informándose entre ellos. Los sentidos físicos que utilizamos podrían ser como una hebra delgada y aislada dentro de un cable grueso; mientras que los sentidos expandidos serían cada uno tan grueso como el cable entero, trenzado con las demás hebras sensoriales, de forma que cualquier entrada fluya inmediatamente a través de todas las hebras.

Con la integración o, más preciso, «dentro» de la integración, viene una comprensión mucho más profunda de mi experiencia de vida, ya que se refiere a todo lo que soy, mi consciencia expandida como un todo, y a Todo lo que Es, la fuerza creativa que está dentro de todo lo que existe en cada dimensión a través de cada consciencia. Únicamente se realiza una evaluación en el sentido de decidir si esto o aquello «maximiza» el potencial del Yo Completo, ya sea que a través de ello yo sea capaz de absorber una amplia franja de experiencias conectivas, o bien, si de alguna manera sirve como una contracción. Me estoy percatando de si mis experiencias se llevan a cabo con la intención de explorar en direcciones particulares, las cuales estuvieron determinadas personalmente antes de haber entrado a esta experiencia física en particular. Después, mi vida es evaluada en base a si es especialmente útil para fines creativos personales y si es particularmente útil para avanzar hacia otros proyectos creativos. Dentro de esto, toda experiencia es reconocida como esencialmente buena.

Esta idea de lo bueno y malo fue abordada en el Capítulo 4, pero vale la pena retomarlo. Como ejemplo de lo bueno, implícito en cada una de las experiencias, y el significado de los juicios cuando se aplican a esa suposición base, imagina que tienes un gran tazón lleno con todo tipo de dulces que te gustan en particular. Al elegir cuál te quieres comer después, en otras palabras, cuál es más importante, no encuentras un solo dulce que no sea interesante, atractivo y tentador. ¿Como elegirás cuál comerte ahora mismo? ¡Es difícil! Pero digamos que hace una hora te comiste una barra de chocolate, así que ahora sacarás al chocolate de la lista (lo sé, esa no es una muy buena razón para renunciar a un chocolate… es solo un ejemplo). Te gusta ver algunas piezas amarillo brillante y la forma en la que contrastan con los demás dulces, así que no te comes esos aún; y desayunaste donas con mermelada, así que algo blando tampoco es tan interesante por el momento como podría serlo algo crujiente. Todos los M&M's rojos con cacahuate, ¡perfecto! Te sientas y escoges todos los M&M's rojos con cacahuate, para después retirarte masticando contento.

Todos los dulces son buenos, así como lo es cualquier simple experiencia en la vida. La evaluación, o juicio, en la elección del dulce o de una experiencia de vida, solo es aplicable a la luz del interés o la intención personal, los cuales varían y toman turno fácilmente, dependiendo en esta o aquella circunstancia subjetiva e interés. Estas decisiones no son terribles y atroces porque cualquier decisión tiene un final feliz (incluso si en la experiencia «física» pareciera ser atroz, aburrida, dolorosa o fea). Una decisión no está llena de tensión y miedo; cada decisión llevará a una experiencia creativa y satisfactoria.

En el Ambiente de Descanso, todo es valioso, sin embargo, es entendible que algunas opciones ofrezcan una visión más interesante a lo largo del camino u ofrezcan un valor distinto (la tersura de un pay de lima vs. la armonía una barra de chocolate). Una pequeña acción podría convertirse inesperadamente en un camino hacia posibilidades interesantes, nunca antes imaginadas. Durante la integración y evaluación se forman lazos de experiencias. Puedo ver las formas en las que pequeñas acciones afectan a las interconexiones a través de la dimensión física y más allá, dentro de otras dimensiones, propagándose hacia afuera, sin mi conocimiento (desde la perspectiva física) de que esa acción pudiera tener un efecto de largo alcance o pudiera resultar en un efecto particular. Esta revisión de la vida podría llamarse, más apropiadamente, una exploración de la vida, ya que se trata de un ejercicio de descubrimiento, más que de evaluación.

La exploración es realizada con gran diversión y afecto para el ser, por «ser». Las estructuras de creencias de la ley kármica o castigos religiosos, no tienen lugar dentro de este proceso, de hecho, no lo tienen dentro de toda mi experiencia. Incluso ahora, puedo regresar a esos estados y, al buscar dichas estructuras, puedo encontrarlas únicamente dentro de las dimensiones físicas como estructuras creadas y mantenidas exclusivamente por la creencia misma: pensamiento tomando forma. Las creencias no son leyes cósmicas o reglas bajo la cuales la consciencia expandida opera, porque la consciencia ya existe más allá de ellas. La consciencia puede simplemente deslizarse entre estas ideas o pasar más allá de ellas.

Puede que toda esta actividad no suene particularmente relajante o apacible, pero, dentro de ella, me sentí profundamente relajada y en paz. La falta de límites de tiempo, críticas, miedo, anticipación de castigos, recriminaciones, deudas, resultados o conclusiones, es profundamente liberador. El ambiente general es de una alegría radiante, tranquila, sonora y profunda. No alegría como una reacción a algo, más bien alegría por «existir».

Tal como se ha descrito, no estaba sola en el Ambiente de Descanso. Los demás trabajan en ajustes técnicos, mientras yo me ocupo de mis propios asuntos. Estando presentes por solicitud mía, entiendo que estos seres son expertos en sanar en estas dimensiones, aunque parecen carecer de cualquier emoción involucrada en el proceso, o conmigo personalmente.

Su trabajo implica que tengo un equivalente físico, aunque me percibo a mí misma como una consciencia infinita. Es como si incluso siendo energía, también tuviera cierta estructura interna. Dentro de una etérea falta de forma, contengo una infinita profundidad de estructuras energéticas que no tienen forma ni ocupan espacio. Si esto se pudiera percibir como unos patrones visibles de la vida, podrían ser unas formas en constante cambio. Yo las percibo como estructuras mecánicas de percepción, que ayudan con experiencias creativas e integración. Esto puede ser considerado como un equivalente de las estructuras del cuerpo físico que ayudan al mecanismo del cuerpo: los sistemas circulatorio o linfático. Los técnicos sólo estaban jugando con el balance de estos sistemas y estructuras como si estuvieran afinando un coche o cambiando un foco. Mi traducción de los ajustes es que ayudan en el funcionamiento de la consciencia como un todo, al máximo rendimiento. Siendo importante o esencial en el proceso, no tiene nada que ver directamente con información o con la calidad de la consciencia en sí.

Cuando me siento lo suficientemente descansada, regreso a la Asamblea en el Ambiente del Parpadeo. Al estar fuera del tiempo y espacio, tal y como lo entendemos nosotros, no existe ninguna desconexión o lapso entre el tiempo que pasé dentro del Ambiente de Descanso y el tiempo en el que regreso a la Asamblea. El describirlo como una experiencia progresiva y exponerlo de una forma lineal, con el fin de darle un sentido racional, inevitablemente lo distorsiona. Podría decir con mayor precisión que, mientras estoy parada enfrente de la Asamblea proponiéndoles que me brinden ayuda, cambio mi concentración a una experiencia simultánea en el profundo Ambiente de Descanso.

Como se menciona al final del capítulo anterior, solicito recibir ayuda una vez que haya regresado al mundo físico. Por todo lo que he descrito hasta ahora, podría parecer que soy perfectamente capaz de influir en mi propia asistencia con la experiencia física, ya que soy una consciencia expandida con tan amplio conocimiento disponible. Sin embargo, a pesar de esto, encuentro un flujo de información conceptual que describe las dificultades involucradas para completar estas tareas, una vez de vuelta en el enfoque físico y, por lo tanto, las ventajas de tener asistencia externa. El intenso enfoque que actualmente se utiliza para mantener al Ser en lo que parece ser una forma física consistente, dentro de lo que parece ser un universo físico consistente, y en conjunto con las estructuras de creencias de la consciencia física (lo que llamamos nuestra mente), puede hacer difícil el mantener una absoluta comprensión de quiénes somos realmente como seres expandidos y, aunque lo recordemos, puede hacer difícil el efectuar las implicaciones conscientes. Todas las intenciones del Yo Completo pueden rápidamente cambiar de curso bajo la influencia de la mente consciente dentro de un universo físico. Las creencias que nos han enseñado desde nuestro nacimiento y, que han sido arraigadas mediante el lavado de cerebro benigno de la repetición vía consciencia colectiva, la cual provee las estructuras de la realidad que actualmente percibimos como verdaderas, tienen influencia y pueden afectar, o inclusive bloquear, las intenciones del Yo Completo. Aunque las creencias pueden intervenir con una clara expresión del Yo Completo, ese Yo Completo seguirá interviniendo en la existencia física hasta el punto en que la consciencia y subconsciencia lo permitan.

Introduje este concepto aquí, pero no voy a profundizar en él. Se puede escribir un libro completo sobre sobre las implicaciones inherentes en ello.

Lo que es importante continuar explicando es el conocimiento de que la ayuda puede ser requerida y obtenida a través de la intención.

Mientras busco ayuda para poder obtener o experimentar con ciertos elementos o eventos en específico en el mundo físico, también solicito asistencia para poder mantener cierto grado de conocimiento de Consciencia Plena cuando regrese a habitar la mente física. Con tanta presión cultural, podría encontrar más fácilmente el rendirme y continuar con los conceptos predominantes de la realidad, en lugar de retener y reforzar lo que sé que es verdad. Es fácil perder el camino del Yo Completo y lo que es real, cuando repetidamente se nos dijo que lo que sabemos son tonterías. Nuestro sistema de creencias culturales no respalda el hecho de que la consciencia perdurable y expandida es nuestro ambiente natural, presente «y útil» dentro del plano físico.

Los objetos y eventos específicos con los que solicité apoyo, se pueden describir y clasificar dentro de la categoría del cómo eliminar el equivalente a irritaciones y limitaciones prácticas. Un ejemplo sería que todos tenemos desafíos que parecieran repetirse durante nuestra vida, aunque disfrazados de diferente manera. Digamos que alguien, una maravillosa persona y de gran corazón, siempre ha sufrido de escasez de dinero. Esta persona puede obtener repentinamente una cantidad importante de dinero, pero inmediatamente recibe muchas cuentas por pagar, por lo que no le servirá este avance financiero. «¡¿Pero que …?!» (Todos hemos estado ahí de una u otra manera.)

Teniendo en cuenta que, «la forma sigue al pensamiento, no el pensamiento a la forma», como equivocadamente hemos enseñado, las cuentas por pagar que consumen nuestra riqueza son realmente una manifestación que cumple con alguna creencia consciente o inconsciente de la persona.

Pongamos un ejemplo. Chéster quiere ser rico. El viejo Chéster se ve como una persona bastante buena, ética en su mayoría, moral, bastante generosa; en general, un tipo de persona normal. Viendo las noticias últimamente, ha comenzado a creer que las personas ricas son poco éticas, malvadas, avariciosas, ostentosas y arrogantes. Siendo cristiano, el viejo Chéster también tiene una pequeña y molesta voz dentro de sí, que le dice que no va a poder entrar al cielo si es un hombre rico, porque, aunque no es tan grande como un camello, definitivamente es más grande que el ojo de una aguja. Siendo un hombre de negocios, Chéster también cree que todos los suministros, la Tierra y todo lo que hay en ella, son limitados, lo que significa que, si atesora mucho dinero, alguien más se quedará sin él. Una persona amable, generosa, moral, ética, en el camino hacia el cielo, no podría estar a gusto con eso.

Entonces, para que el viejo Chester pueda conservar su moral, ética, generosidad y amabilidad, deberá asegurarse de no permitirse volverse rico, ya que si lo hace sería inmoral, poco ético, avaro, tacaño y pasaría por un infierno para llegar al cielo.

A este tipo de creencias simultáneas les llamo «contrarias» y seguro que tengo mi parte de patrones equivalentes. Ese tipo de desafío repetitivo me es, francamente, aburrido. Al tener en mi persona un patrón que ocasione ese tipo de experiencias, espero poder ser capaz de abordarlo y continuar avanzando. Por supuesto, ¡la consciencia física no siempre es tan directa y cooperativa! Las «contrarias» están a menudo enterradas en las suposiciones básicas de la vida física, lo que puede hacerlas difíciles de encontrar. Siendo más obvios los orígenes de esos patrones desde el Ambiente del Parpadeo y sabiendo que mi consciencia plena del nivel del Parpadeo no me llegará necesariamente con facilidad, sugiero que las personalidades dentro del Ambiente del Parpadeo me lo recuerden, una vez de vuelta en mi cuerpo físico, enviando insinuaciones inconfundibles, pistas o recordatorios, en el camino de mi mente física, e inclusive con una rotunda cancelación de algunas de las «contrarias», previo a volver a habitar mi cuerpo físico.

En relación a esto, como todo existe en relación a cualquier otra cosa, solicito asistencia para expandir mi mente física y mi consciencia, para así ser capaz de abordar la vida de forma más consistente, desde al menos una versión más simple del entendimiento que llevo de otras dimensiones. Espero, entre otras cosas, que esto me ayude para manifestar habilidades que puedan ser sumamente entretenidas en el plano físico: posiblemente el poder levitar, por ejemplo (vamos, admítelo, ¡sería divertido!). Si mi consciencia de aquello que es posible, contara con la memoria de al menos parte de la experiencia de expansión en otras dimensiones, y lo aplicara al universo físico, estoy muy segura que los próximos cincuenta años de mi vida dentro de mi cuerpo físico, serían infinitamente más entretenidos de lo que han sido los primeros cincuenta, animándome a quedarme y completar las tareas que la Asamblea me ha solicitado que cumpla.

Entre esos dos temas, sentí como si hubiera abordado a fondo todos mis problemas del mundo físico. ¡¿Acaso no soy inteligente?! Al entender y retener que todo lo experimentado en esta dimensión, es un intento de creación cooperativa e individual, recordaré alterar mis intenciones para poder eliminar desafíos molestos o al menos encontrar el valor (o humor) en lo que sea que entre a mi vida. Tomando en cuenta que esa energía es utilizada para crear y mantener la ilusión de un universo sólido, progresando en una dirección (idealmente hacia adelante) a través del tiempo/espacio, probablemente seré capaz de erosionar algunos de los sistemas de creencias limitantes que he acumulado, con respecto a lo que es real y a lo que es posible: restos de religión, teorías de la ciencia actual, y varias limitaciones culturales. Una vez liberada de ellos, la intención podría ser libre de explorar caminos más allá y de incluir logros tan populares como como comprar la casa de tus sueños, viajar a Perú, o comprar un coche genial (un Porsche 911, Turbo, color blanco, gracias). Todas estas son metas atractivas en cierto sentido y atractivas a largo plazo para mí, no como fines, sino como herramientas usadas para disfrutar y validar la exploración de la «experiencia» creativa llevada a cabo dentro del estado físico.

Lo que solicité de la Asamblea fue, y son, recordatorios para mantenerme alerta de mi Ser Infinito, la consciencia que es una junto con todas las demás consciencias. Pedí que, en caso de que llegara a quedar envuelta en la ilusión de que nuestro universo consiste en formas físicas sólidas, se me diera un codazo hasta despertar, para recordar que el universo es energía, que es creada, mantenida y manipulada bajo intensión, lo cual es simplemente el pensamiento.

Capítulo 7
Sanación y Ayuda

Una vez acordado, me moví a otra ubicación vibracional, en donde la sanación se llevaría a cabo sobre mi cuerpo físico. Desde esta ubicación, podía ver mi cuerpo físico en el camión, con la cabeza sostenida por mi mano derecha, el codo sobre la manija de la puerta, exactamente como lo había dejado. También podía ver mi cuerpo como una matriz energética. Leyendo desde esos dos lugares de forma simultánea, podría decir que mi mano derecha estaba malherida a la altura de la muñeca, mi pie y tobillo derechos estaban mal unidos y tenía una herida profunda en mi torso derecho. Había un gran agujero en mi cabeza. Me faltaban un ojo, el seno frontal y una porción de mi cerebro.

Algunos seres energéticos y yo trabajamos juntos, reparando rápidamente el cuerpo, trabajando principalmente a través de la matriz. Las heridas no fueron sanadas por completo, ya que algunas serían de utilidad para situarme ante tareas que había acordado realizar o cosas que yo quería experimentar, siendo consciente de la totalidad del Yo Completo. A medida que trabajábamos, bromeamos los unos con los otros sobre lo que debería y no debería hacerse y, casualmente, nos vimos dedicados en gran medida a tontear.

La dimensión desde la cual se llevó a cabo la sanación de mi cuerpo físico, tiene una armonía más cercana al plano físico. Mientras que en el Ambiente de Descanso, la realidad es completamente energía y, en el Ambiente del Parpadeo, la realidad es una elección infinita de manifestación física, o bien, energía pura, el Ambiente de Sanación tiene una vibración que requiere de una forma sin imponer su estructura. Resuena cercanamente con nuestro propio universo físico, a pesar de que las estructuras del mundo físico estén expandidas. El Ambiente de Sanación se siente como si existiera específicamente como una extensión de nuestro universo físico; una analogía puede ser que el Ambiente de Sanación es como un balcón o una pasarela por encima del mundo físico, tal y como lo conocemos. Este punto de vista ofrece un panorama más completo de lo que está sucediendo en el plano físico, en relación directa con el Yo Completo, el estado natural de consciencia. Desde esa consciencia expandida y, mientras se está bastante próximo al plano físico, se encuentra disponible el acceso a herramientas que iluminan e influyen directamente el plano físico.

Por «trabajar a través de la matriz», me refiero a que trabajamos con las estructuras que organizan la energía hacia la forma de un cuerpo físico, en este caso, mi cuerpo. Normalmente pensamos en sanar a un cuerpo en términos utilizados por la ciencia médica, que es una manipulación mecánica de órganos físicos, huesos, fluidos y otras partes. Desde el Ambiente de Sanación, la totalidad del cuerpo físico aparece un tanto etéreo, porque es totalmente visto como lo que es: organizaciones de energía. Los espacios que existen entre y dentro de lo que percibimos como partículas, los espacios entre las partículas que forman un ojo, un hueso o la piel, son obvios. Las estructuras de energía que organizan y mantienen las energías en su forma física son visibles, apareciendo como una matriz completa. La matriz es lo que manipulamos con el fin de reparar las heridas de mi cuerpo.

No he discutido previamente el hecho de que, dentro de todos estos ambientes no físicos, cualquier fisicalidad que yo retengo es libre de heridas, a pesar de que mi cuerpo físico situado en la Land Cruiser esté severamente dañado. Reteniendo lo que percibo como una clase de sombra de la fisicalidad y, mientras me encuentro en el Ambiente del Parpadeo, el ser perdurable que yo soy, es una forma perpetuamente saludable, flexible y cómoda. Si pienso en ello como un equivalente a cierta edad en el cuerpo físico sobre la Tierra, esa edad sería alrededor de los treinta o treinta y cinco años.

Yo le llamo a esa forma una «sombra» porque parece etérea en cierto modo, y claramente «no» es sólida. En este punto, la forma es más el vestigio de un hábito de intento, que lo que es realmente intencionado. Como niños, estábamos acostumbrados a hacer algo que puede ser utilizado para ilustrar esta idea de la sombra del hábito: estar de pie bajo el marco de una puerta con los brazos a los costados. Levantas los brazos hasta que tus muñecas y manos se encuentran empujando contra el marco. Empujas fuertemente con tus brazos, alrededor de un minuto, entonces, lo dejas ir y caminas lejos de la puerta. Sin aplicar esfuerzo alguno, tus brazos se elevarán por los costados como si la gravedad ya no tuviera lugar. La tensión remanente en los músculos se puede considerar como una «sombra» de su empuje deliberado contra el marco de la puerta. La forma que retengo en este ambiente de consciencia expandida es un equivalente: un hábito de la mente, una sombra de la tensión mental requerida para mantener la forma física en un ambiente físico.

Habiendo estado tan recientemente en las dimensiones físicas, dentro del Ambiente del Parpadeo se siente como si se necesitara una concentración deliberada para perder rápidamente aquella figura o forma. La proximidad vibracional a la realidad de la Tierra física, soporta naturalmente el hábito. Parpadear meramente hacia otros ambientes de pura energía, como el Ambiente de Descanso, me despoja sin esfuerzo de la fisicalidad, debido al nivel vibracional diferente, el cual no permite una forma física.

La edad física equivalente, esta forma de mi cuerpo en particular, de unos treinta y cinco años, podría ser vista como óptima y más natural. Es la imagen interna la que requiere el menor esfuerzo para ser mantenida, como una imagen por default de mi ser físico. Una vieja mujer que conozco me dijo en alguna ocasión: «Soy más vieja ahora, y ya no me parezco mucho a mí misma como solía hacerlo». Imagino que, dentro de ella, aún se sentía de treinta y cinco años y, al mirarse al espejo, reconocía que ese cuerpo envejecido no se parecía a su Ser, tanto como lo hacía cuando era más joven. Quizá todos nos sintamos igual, a medida que nuestros cuerpos físicos envejecen. Sospecho que cualquiera de nosotros que tenga lo que parece ser una herida o enfermedad aparente, que cambien la apariencia que tenemos o cómo nos movemos, puede dar fe de que, «por dentro», siempre estamos completos y sanos, como consciencia, como personalidades ricas, como seres creativos y saludables con una forma física.

A pesar de haber descrito esta dimensión de Sanación como una variación o extensión del plano físico, no tengo la sensación de ninguna personalidad habitando únicamente este Ambiente de Sanación. La especificidad del ambiente hace que sea útil entrar sólo en ciertos momentos y sólo para ciertas acciones. Las personalidades con las que interactué no están «constantemente» dentro de una forma física, ni son una «consciencia» dentro de una forma física, como un estado «normal», de la misma manera en que nos hemos situado a nosotros mismos en nuestro mundo. La forma física se crea al entrar y, el entrar a esta dimensión, se trata de cambiar la consciencia y vibración dentro del Ser. Una personalidad sólo se vuelve física, en cierto grado, en el sentido en que, el índice de vibración necesario para mantener la armonía es lo suficientemente lento para aproximarse a nuestro universo físico, hasta el punto en que nosotros, en nuestros cuerpos, podemos percibir físicamente a las personalidades en ciertas instancias. Desde la realidad física, la energía de su ser puede ser perceptiblemente visualizada como una forma amorfa, vaporosa, o pueden organizar fácilmente su energía hacia la configuración de forma humana o hacia cualquier otra forma organizada, si eligieran hacerlo. En este sentido, no es diferente del Ambiente del Parpadeo.

Lo que es diferente del Ambiente del Parpadeo es la conexión más cercana con nuestro universo físico. La interacción desde el Ambiente del Parpadeo con nuestra dimensión física, toca a nivel del pensamiento o consciencia a alguien viviendo una vida física. La vibración de la dimensión del Parpadeo no permite manipulación directa de lo que percibimos que es un «sólido» físico. Por otro lado, el nivel armónico vibracional, natural para el Ambiente de Sanación, cruza mucho más cerca a nuestro universo físico. La manipulación de los sólidos físicos se logra fácilmente al trabajar las matrices de energía.

Como ejemplo de estas diferencias, desde la perspectiva del Ambiente del Parpadeo, la influencia en el plano físico puede asimilarse a tener una conversación telefónica con un amigo. Puedes intercambiar ideas, pero no son capaces de abrazarse, empujarse, golpearse, jalarse ni moverse el uno al otro, de alguna u otra manera, alrededor de ese ambiente. Desde dentro del Ambiente de Sanación, la energía del pensamiento puede mover directamente lo físico.

Dos personalidades trabajaron conmigo en el Ambiente de Sanación. A pesar de no conocer a las personalidades como personas físicas en el mundo físico, dentro de este ambiente, una de ellas me es familiar como un viejo amigo. La soltura y el humor que traemos a la actividad es de confianza, con la rápida comunicación y los chistes privados, comunes entre amigos o colegas que se han conocido por muchos años. La otra personalidad es más bien observadora, como si estuviera aprendiendo a realizar este trabajo y tuviera que realizar algún esfuerzo por mantenerse con nosotros.

No hay diferencia evidente entre estas personalidades y aquellas en la Asamblea, en el sentido de que todas son percibidas como seres completos, individual y completamente conscientes de ellos mismos y de Todo lo que Es, la Fuerza y Consciencia Infinita Creativa. Puesto en términos inmediatos, todas se sienten como personalidades que, de ser concentradas en un ser humano, no sobresaldrían en una velada. No las percibo como incognoscibles o irreconocibles en el sentido de un alienígena monstruoso de ciencia ficción, o un ser que no comparte algún elemento de consciencia en común con nosotros. Nuestras naturalezas son similares: somos consciencias. Existen diferencias de comportamientos, intereses, estilos de interacción, preferencias y cosas de aquella naturaleza, pero, básicamente, somos parte de una sola consciencia compartida. De la misma manera en que nosotros, los humanos, permanecemos básicamente conscientes de la experiencia compartida de ser un humano, como individuos distintos, así compartimos la consciencia básica de ser una consciencia. No todas estas personalidades encontradas en los distintos ambientes, han tenido experiencias en la forma humana física. No todas ellas han elegido participar en esta realidad en particular. Nuestras interacciones y reconocimiento de similitudes básicas, proviene del estado de consciencia expandida, en lugar de un pasado compartido o alguna experiencia en el universo terrestre físico.

A pesar de que la familiaridad es obvia desde el estado de la consciencia expandida, desde nuestro estado de consciencia física, algunas de esas personalidades podrían parecer aterradoras o como carentes de consciencia, todas en conjunto. Normalmente no reconocemos la consciencia de un electrón, o de una lámpara de escritorio, por ejemplo, a pesar de que sí contengan consciencia. Algunas de las personalidades con las que me he encontrado en esos ambientes, parecen un tanto frías, robóticas, faltas de emoción, desde el punto de vista físico de un ser humano. Sin embargo, son seres claramente vivientes y conscientes, relacionándose conmigo como un ser vivo y consciente. Es reconocido que existimos en colaboración, siendo toda experiencia cooperativa y parte de una sola fuente: Todo lo que Es.

Ese conocimiento principal de la relación inherente de toda consciencia, no es necesariamente algo en lo que nos enfoquemos dentro del plano físico. La forma en que otros son diferentes a nosotros, tiende a ser más notorio que la forma en que son similares a nosotros. Hacemos distinciones valiosas al describir la consciencia de animales o plantas como opuestas a las de nosotros, y juzgamos muchos objetos como inanimados. Agrupamos, separados de nosotros, a personas de diferentes culturas, o categorizamos separadamente a personas con diferentes vestimentas o color de piel. Nos concentramos en diferencias entre formas, ya que no reconocemos normalmente muchas formas de consciencia y su similitud infinita. Incluso al pensar: «Pues bien, todos somos seres vivos», no incluimos a todas las consciencias en dicha suposición; ignoramos a la mesa, la computadora, a la acera, el viento y a la piedra. No interactuamos con frecuencia, incluso con otros seres reconocidamente conscientes desde un respeto innato por su valor inherente como «seres». Bajo esa omisión, establecemos una separación y competencia, en lugar de reconocer una similitud natural que supondría una consciencia completa de nuestra cooperación.

Desde la consciencia expandida, nuestras diferencias son reveladas como artificiales y parecen arbitrarias. Las agresiones, irritaciones, intolerancias, defensas y competencias, tan comunes en la consciencia de la mente física, y, por tanto, en nuestras vidas, desde la perspectiva de cualquiera de estos ambientes expandidos, parecen ridículos. El hecho de que mi cuerpo físico sea bombardeado dentro de un conflicto internacional que involucra a decenas de miles de seres, provee una base increíble para las bromas y risas entre nosotros, a medida que reparamos mi cuerpo. El conflicto o cualquier guerra no es juzgado como bueno o malo desde los criterios de la consciencia expandida. La violencia es un poco desconcertante y se considera un viejo «fenómeno del mundo físico», pero también es entretenido observar la multitud de seres conscientes navegando a través de ella como una experiencia única y creativa.

Si la experiencia física se entiende como un equivalente a cuando nosotros vamos al cine, la película sólo será absorbida hasta el punto en que nuestras mentes individuales permitan o elijan participar en la ilusión.

Imagina que veo una de las películas de dinosaurios de los años 50. Me es imposible comprarme la ilusión de la película e involucrarme emocionalmente; me río demasiado de los aspectos técnicos de tan primitivos efectos especiales, la actuación escénica y los acentos practicados que suenan vagamente etonianos. Todo eso me parece falso y gracioso. Esto es un equivalente a observar nuestra dimensión física desde la dimensión de Sanación. Al observar la película, puedo ver con facilidad la realidad detrás de la ilusión. A medida que aprecio los esfuerzos creativos, la cooperación, la aplicación de habilidades de actuación y técnicas, dentro del contexto del tiempo, los años 50, mantengo mi punto de vista de inicios del siglo veintiuno. Similar a la consciencia de mi Yo Completo en la dimensión de Sanación, aprecio el mundo físico con todos sus sorprendentes esfuerzos creativos, cooperación (en gran medida inconscientes), y habilidades aplicadas a la existencia y experiencia dentro de él, a medida que continúa siendo una ilusión y es altamente asombroso. Puedo ver la realidad detrás de la ilusión.

Tal y como es descrito anteriormente, la acción de sanación por sí misma, es llevada a cabo desde el nivel de la matriz de energía, casi sin esfuerzo. Con una concentración en la intención, «sana esto», y un equivalente a pasar la mano por aquél segmento del cuerpo, éste es reestablecido. La acción no es seria ni implica pesadez para la autoconsciencia, intricaciones técnicas ni drama. Dentro del asombro que conlleva, se mantiene una hebra de intensión y esa intención mueve la realidad física.

A medida que sanamos mi cuerpo, muchos de nuestros chistes personales y asombros podrían no parecer divertidos, ni incluso tener sentido alguno, desde la perspectiva de la mente física. Bromeamos acerca del momento específico e intricado, necesario para lograr estar exactamente en el lugar correcto a la hora correcta para ser bombardeada, y las vastas cadenas de acuerdos entre las personas que se necesitan para hacer que todo funcione justo en la manera en que lo hizo. Encontramos bastante gracioso que todos los involucrados en el incidente experimenten lo que creen que es el mismo incidente, sin embargo, cada individuo es dividido en su propio hilo de realidad, así que sus percepciones de los detalles del incidente nunca concordarán. (Este es un concepto que discutiré en el Capítulo 9).

Mientras sanamos el cuerpo, intentamos diferentes combinaciones y extensiones de sanación, riendo ante algunas de las combinaciones a medida que imaginamos posibles consecuencias y retos que cada uno pudiera presentar al experimentar una progresión continua hacia el futuro, dentro de ese cuerpo. Intentamos hacer que mi cuerpo físico quede completamente ciego, y lo encontramos bastante divertido a medida que proyectamos retos con los que me enfrentaría como resultado de eso. Intentamos una sanación completa de mi cabeza, brazo y pie, dejando sólo alguna pequeñas esquirlas en mi brazo, y reímos ante cuánta gente atribuiría esas heridas menores a la suerte, mientras que otros en el camión poseen heridas mucho más extensas. Intentamos dejar carente una gran parte de mi cráneo y mover algunas esquirlas hacia el cerebro para ocasionar daño cerebral, luego observamos, riendo, a medida que toma forma la trayectoria de una vida con semejantes retos. Intentamos remover mi mano derecha por completo, y todos nos doblamos de risa mientras me observaban intentar aprender a escribir, comer y demás cosas, usando sólo mi mano izquierda.

Esas variaciones en la sanación aún me provocan risa, pero eso no significa que crea que esas situaciones eran para nada graciosas de experimentar en el día a día desde la consciencia física. Al describir esta escena me da cierto miedo, tal y como en el Capítulo 4, de minimizar inintencionadamente las emociones genuinas y dificultades que existen como resultado del incidente de AEI* en el que yo me vi involucrada, tal como otros que conozco, o bien, insultar inadvertidamente a otros cuyas dificultades en la vida pueden ser actuales, intensas y crudas. Las emociones y extremos físicos enfrentados por los demás que estaban en el camión conmigo, quienes estaban en los equipos que nos ayudaron a salir y nos socorrieron, las familias de aquellos cuyas vidas fueron alteradas irrevocablemente por este o muchas otras situaciones equivalentes, son «reales». Y algunas de las historias te rompen el corazón cuando son vistas desde nuestro universo físico… después de todo, estamos viviendo actualmente dentro de este universo físico.

Para poder comprender el humor, es absolutamente necesario adoptar una comprensión del cuerpo y la vida física como temporal, y el alma, espíritu o consciencia como perdurable. Si expresara yo públicamente mi diversión ante algunas situaciones de este tipo, en las experiencias de otros, seguramente sería juzgada como grosera e insensible, falta de corazón. Hasta que una consciencia amplia sea más común, reír o ignorar el dolor o incomodidad de alguien será considerado insensible, porque así lo es en la mayoría de los casos: tiende a originarse desde la ignorancia, arrogancia o defensa propia, en lugar de comprender que cada uno de nosotros, como consciencia expandida, hemos «elegido» nuestras experiencias «tal y como son». Quizá, solamente cuando reconozcamos una compasión por «todo ser», cuando reconozcamos cierta alegría y disfrute por haber elegido experimentar «esta» situación de entre «todas las posibles» situaciones, y cuando despierte una admiración sincera y una curiosidad por las experiencias únicas de los demás, entonces se volverá socialmente aceptable el ignorar o reír sobre el dolor e incomodidad, nuestros y de cualquier otro. Hasta entonces, será difícil encontrar diversión dentro de algunas de nuestras tareas más intrigantemente creativas.

Mientras bromeábamos acerca de sanar mi cuerpo en el Ambiente de Sanación y estando totalmente enterada de alguna de las tareas que había acordado llevar a cabo para la Asamblea, mis compañeros y yo también exploramos más seriamente el alcance y el tipo de heridas que me podrían situar mejor para poder lograr dichas tareas.

El Capítulo 4 conllevó una discusión acerca de mi propia responsabilidad en crear y acordar participar en todo este incidente. Ese sentido de responsabilidad también está implicado en la selección de mis heridas. Yo elegí las heridas; yo creé mi experiencia. No son el resultado de una coincidencia o mala suerte, y no son el castigo de algún dios. Una suposición común básica, particularmente prevalente en sistemas de creencias religiosos, es que, si soy una buena persona, cosas buenas me sucederán, y lo naturalmente consiguiente: si soy una mala persona, cosas malas me sucederán. Una amiga mía católica me dijo alguna vez que no podía comprender por qué alguien a quien amaba se había muerto, porque ella pensaba que era una buena persona, y ella siempre había creído que «a la gente buena no le suceden cosas malas». Su suposición básica decía que, de alguna forma, ganamos y merecemos aquella muerte de nuestra pareja, ese accidente de coche, aquella enfermedad, ese jefe insufrible, este acosador loco, o el ser bombardeado. Incluso la gente que practica el New

Age y las filosofías occidentales del «despertar», apoyan esta suposición básica a través de las ideas del karma: lo que sea que tú hagas, regresará a ti (multiplicado por siete, en ciertos casos). Si te están sucediendo cosas malas, seguro debiste haber actuado de forma egoísta o vil; debes haber enviado pensamientos negativos o hecho algo nefasto en alguna vida pasada, por lo que estás pagando ahora.

Mis elecciones sobre qué heridas mantener y el hecho de haber sido bombardeada por una bomba caminera, en primer lugar, se supone que sean valiosas, útiles y buenas, desde la perspectiva de mis estados de consciencia expandida. La experiencia no es un castigo por acciones ni pensamientos malos o viles, y no es mala suerte ni un error. Mis heridas no son reflejos de alguna edificación por algún pecado original (ni siquiera uno ligeramente singular). Desde la perspectiva expandida de mi Yo Completo, el evento y sus secuelas son experiencias que yo elegí por distintas razones, con regocijo y un sentido de diversión y emoción por estas experiencias novedosas. El que no siempre me encuentre tan entusiasmada por los resultados, desde dentro de la perspectiva física, como lo estaba cuando soñé esta aventura, a menudo me parece gracioso, incluso dentro de alguna frustración o incomodidad ocasional. (Mientras tanto, el ser bombardeado es una gran fuente de bromas…)

Al final, llegamos a un acuerdo sobre un nivel particular de sanación para mi cuerpo físico, que servirá para mis deseos y necesidades.

Estoy lista para regresar al plano físico.

Capítulo 8
Saltando

Cuando terminamos, agradecí a mis compañeros y luego, me moví a otra ubicación que servía como punto conveniente de despegue. Ahí, me encontré brevemente con otros seres que me eran familiares. Discutimos detalles mecánicos de lo que había acordado hacer durante la Asamblea, así como ciertos temas personales. Después, simplemente respiré profundamente y reaparecí en el cuerpo.

Así como los demás, este ambiente final es un estado de concentración, más que un lugar; y este estado se siente como si existiera entre las vibraciones de las dimensiones físicas. Si el plano físico puede pensarse como un acorde, entonces este ambiente sería una variación entre las notas de ese acorde, dentro del mismo pero separado.

El ambiente reside entre el plano físico sólido y matices de energía pura, entre la mente física y la consciencia expandida, y entre el tiempo y espacio de eventos en el plano físico. Nada de algún efecto en particular se logra desde este ambiente. Estoy consciente del mundo físico, pero no lo manipulo. Estoy consciente de algunas personalidades ocupando lugares, como en el Ambiente del Parpadeo, pero no me comunico directamente con ellas. Es una sala de espera, una locación específica para regresar al cuerpo físico. Repasándolo ahora, me siento como si estuviera de pie en la escena del camión bombardeado, mientras se encuentra suspendido en el tiempo: un tipo de sentimiento como «dimensión desconocida».

Los seres que conocí en este nivel, tienen un conocimiento bastante práctico de la consciencia, operando dentro de la dimensión física. El bromear y jugar que toma lugar aquí, es mucho más sobrio o irónico, a diferencia del entendimiento de que, lo que parece fácil y divertido desde la consciencia expandida, puede ser difícil y doloroso desde el cuerpo, y puede parecer infinito una vez inmerso dentro del constructo del tiempo/espacio.

Las discusiones que mantenemos los unos con los otros se mantienen enfocadas en eventos y situaciones muy particulares. Los mecanismos para establecer niveles energéticos en particular, desde dentro de la dimensión física, y después las diferentes formas de mantener y dirigir las energías hacia objetivos deseados, fueron discutidos a fondo y en relación con los hábitos mentales y emocionales únicos de mi personalidad enfocada en lo físico.

Mientras que las discusiones en el Ambiente del Parpadeo fueron, en su mayoría, ampliamente temáticas, aquí las discusiones son más acerca de detalles prácticos. En el Ambiente del Parpadeo somos arquitectos. Aquí, somos los contratistas de construcción. Una vez de vuelta en el cuerpo físico, yo seré el recluta golpeando los clavos.

En este ambiente, estoy totalmente consciente de que, estando de vuelta en el cuerpo físico, puedo, en cualquier momento, elegir virar desde el objetivo original del Yo Completo. Desde mi mente consciente, soy libre de elegir no participar en un evento ni situación sin castigo alguno, desbalance ni efecto nocivo. Soy capaz de dirigir mi vida desde preferencias de mi consciencia en la vida física, o relajarme y dejar que el Yo Completo sea quien guíe. Soy libre de volverme más consciente del Yo Completo, y de actuar desde una perspectiva más integrada con el Yo Completo y la consciencia física, trabajando en estrecha colaboración. Mi percepción es que, cualesquiera de esas opciones, son válidas por igual y aceptables, y dependen completamente de cada individuo.

En este ambiente están conmigo nueve personalidades. Las nueve me son íntimamente familiares. Algunas personas o ideologías podrían referirse a estas personalidades como guías, y algunos podrían percibirlos como ángeles guardianes. Mi propia percepción es que ellos son personalidades amigables y adeptas, que llenan voluntariamente un rol en particular, el cual incluye guía, protección y ayuda. Mantienen un enfoque amplio y ofrecen un «punto de contacto» para mí, mientras mantengo el enfoque necesario para funcionar efectivamente dentro de mi existencia física.

Sus habilidades son iguales a las mías, mientras que su punto de vista, desde fuera de la realidad física, les permite asistirme en formas que serían particularmente difíciles de reproducir si estuviéramos todos trabajando desde dentro del reino físico. Estas personalidades son capaces de proyectar trayectorias y, por tanto, asistirme evitando conflictos inesperados, amenazas físicas o desvíos del amplio rumbo de intereses intencionados por el Yo Completo. Ahora pienso en ellos de forma similar a la manera en que pienso en mi equipo de protección personal PSD* en Iraq: mi equipo PSD a nivel energético. En Iraq, íbamos acompañados por un equipo PSD armados, a donde fuera que viajáramos, fuera de la base. Ellos recaudaban información antes de viajar, planeaban rutas, manejaban los vehículos blindados y nos cuidaban mientras inspeccionábamos lugares de construcción. Mi equipo energético de PSD, mantiene una vista amplia de interacciones, alcanza y avisa a mi subconsciente o inconsciente, guiando hacia rutas productivas, me cuida de intersecciones inesperadas de experiencias. Además de las labores de tipo PSD, estas personalidades ofrecen consejo, administran recados energéticos y ofrecen ayuda, últimamente bajo mi propia dirección y pedido. Como iguales, son amigos y colegas, de la misma forma que amigos y colegas en el plano físico, que nos ayudan a pensar a través de la toma de decisiones, ofrecen una perspectiva que nosotros pudimos haber pasado por alto, y cuidan nuestras espaldas cuando necesitamos de ello. Son un apoyo total sin ser directores. Si dijera: «No me ayuden con esto, quiero hacerlo por mi cuenta, incluso si me lleva más tiempo descifrarlo dentro del ambiente físico», entonces ellos retrocederían y observarían (probablemente doblándose de risa. Parecen tener cierta tendencia por el humor cariñoso, que es únicamente gracioso, en realidad, cuando se está firmemente anclado en una perspectiva de consciencia expandida. Esto puede ser un tanto irritable…)

A pesar de que en esta escena no afectamos al ambiente físico de ninguna manera, estas personalidades tienen la capacidad de afectar el plano físico de distintas formas. Aparentando tener pocas limitaciones, pueden influir a través de patrones, crear situaciones o coordinar eventos en su totalidad, aparecer en sueños, tomar temporalmente un cuerpo, o comunicarse conmigo a través de voces audibles o destellos visuales. Son capaces de manipular energías físicas en formas en que serían percibidas por nosotros como el mover objetos sólidos o, incluso aún, creándolos.

Hace unos cincuenta años, estaba paseando a un perro llamado Mesa por un vecindario residencial en Tucson, cuando de pronto, un pitbull corrió rápidamente desde una puerta abierta hacia la calle. El pitbull corrió a toda velocidad hacia nosotros, y yo pensé: «esto no puede estar sucediendo. No hay hacia dónde ir» Mesa y yo nos paralizamos. En ese instante, un coche llegó rápidamente por el camino, aparentemente desde la nada. Yo no lo había escuchado, a pesar de que el coche iba a toda velocidad, y el camino era largo, recto y callado en aquél momento del día. En el momento perfecto, el coche atravesó justo entre nosotros y el pitbull, quien después chocó con el costado del apresurado coche, con un gran sonido sordo. El coche desapareció por el camino, y el pitbull se tambaleó de vuelta hacia la puerta de donde había salido. Todo esto sucedió tan rápidamente, en tres o cuatro segundos. Mesa y yo nos miramos el uno al otro con los ojos pasmados, de hecho, Mesa dejó salir un gran suspiro, y luego simplemente continuamos con nuestro paseo.

Ese coche interfiriendo perfectamente, podría entenderse como haber sido creado por mis amigos o guías. Todo el incidente puede haber sido orquestado, o puede, simplemente, haber sido un evento inconexo. Las dimensiones o probabilidades pueden haberse superpuesto de una forma inesperada que planteó una amenaza que no hubiera servido a ninguno de nosotros, así que, era mejor evitarla.

La única limitación que percibí acerca de las acciones de estas personalidades, y la limitación es voluntaria, fue que siempre actúan como ayuda de las intenciones del individuo al que están asistiendo. El actuar bajo sus propias intenciones creativas personales, a través de la manipulación de la personalidad que están asistiendo, no se encuentra dentro de su procedimiento operacional. Sus intenciones creativas están enfocadas y dirigidas hacia el apoyo de la personalidad física en particular, en este caso, yo.

Todas estas personalidades han vivido dentro de cuerpos físicos y tienen una comprensión práctica de la existencia física. Algunos de ellos viven dentro de cuerpos físicos y, simultáneamente, actúan como equipos PSD energéticos. A pesar de que esto pudiera parecer imposible o confuso para nuestras mentes, logramos cosas similares en nuestras vidas diarias, como fue descrito previamente: podemos discutir un problema de negocios por teléfono con un colega, al mismo tiempo que freímos un par de huevos y, simultáneamente, en el fondo de nuestra mente monitoreamos lo que se encuentran haciendo los niños. Realizamos múltiples tareas. Como un Yo Completo de consciencia expandida, las personalidades son sencillamente capaces de, simultáneamente, enfocarse por completo en lo que nosotros, en el plano físico, podríamos considerar como grupos de tareas mucho más complejas. Son capaces de mantener una consciencia constante sobre mi vida y, al mismo tiempo, conducir su propia vida o vidas, sin estrés.

La vida simultánea que ellos experimentan podría estar dentro de la misma era del tiempo físico en la que estamos nosotros participando actualmente, o en lo que percibiríamos como pasado o futuro. Esta idea de ser consciente dentro del pasado y/o futuro, es posible como función del Tiempo/Espacio expandido, tanto como el complicarse por realidades probables e infinitas dimensiones. La naturaleza del Tiempo/Espacio expandidos es tal que, todo lo que ya existe, se está formando y es un potencial, al mismo tiempo.

Desde nuestra perspectiva, si nuestro futuro existe ya, al mismo momento en que existe nuestro presente, el libre albedrío podría considerarse como negado. Sin embargo, las realidades infinitamente probables y dimensiones, dan por sentado el libre albedrío. Con expansión constante y continuamente, las posibilidades requieren una elección de enfoque infinita e individual, y de creación infinitamente constante. Una consciencia o existencia dentro de lo que consideraríamos que es nuestro futuro, no significa que está en el mismo futuro en que nos enfocaremos cada uno, durante la experiencia presente de la consciencia individual. Es sólo uno de los probables números infinitos de futuros. La elección es activa y vital.

Un ejemplo o aplicación de la comprensión de los futuros podría ser que las lecturas psíquicas, PES y prácticas predictivas similares, son una lectura de las probabilidades. La habilidad necesaria para seguir una hebra a través de probabilidades infinitas, parece alucinante, y puede ofrecer una perspectiva al analizar por qué incluso los mejores psíquicos a menudo parecen equivocarse en sus predicciones: quizá siguieron una bifurcación, mientras la consciencia colectiva actual siguió otra. Algunos psíquicos son, probablemente, más adeptos a seguir el camino más probable de manifestación o de enfoque disponible para cierto individuo, así que sus predicciones y lecturas parecen ser acertadas. Algunos otros pueden ser adeptos a comprender y leer el intento de enfoque elegido del Yo Completo de la persona, reconociendo así la alta probabilidad de esa persona, eligiendo experimentar una posibilidad más que la otra. Algunos psíquicos son posiblemente más adeptos a discernir la trayectoria a la que está dirigiendo la consciencia física acumulativa hasta la fecha, a pesar de la intensión del Yo Completo; o discernir el camino al que está dirigiendo la consciencia en masa.

Las complejidades alucinantes de las realidades probables y paralelas que percibí dentro de los estados de consciencia expandida, también insinúan hacia otras posibilidades. La naturaleza inviolable del libre albedrío y el hecho de que cada pensamiento tiene una profunda e intensa influencia, por ejemplo, sugiere que el simplemente brindar información a alguien acerca de su futuro probable, afecta la trayectoria de las consciencias infinitas. Puede ocasionar que esa persona elija seguir un enfoque diferente, logrando así que parezca que la lectura del psíquico es incorrecta.

Dejaré al lector contemplar otras posibilidades dentro de infinitas probabilidades, y regresaré a este tema en el Capítulo 9.

Cuando estoy lista, simplemente cambio mi atención hacia mi cuerpo físico y me enfoco en mi intención de regresar. Esto es tan fácil como lo es para nosotros el levantar la mirada de esta página en el plano físico.

«Pop». Estoy en el cuerpo.

Me encuentro de vuelta en una Land Rover, ahora carbonizada y salpicada de sangre, rodando silenciosamente por el camino en Iraq.

Capítulo 9
La aplicación de cosas imposibles

Yo creo que, desde donde nos encontramos ahora, parece que la lluvia cae al azar. Si pudiéramos estar en otro sitio, veríamos que obedece un orden.
—Tony Hillerman, Un coyote acecha

Desafortunadamente, aquí en el mundo físico, no puedo sanar mi cuerpo con un simple mover de mi mano, «parpadear» mi cuerpo físico hacia otro ambiente, ni siquiera recordando los propósitos e intereses de mi Yo Completo. Lo que es increíblemente simple y fácilmente comprendido en los niveles de consciencia expandida, a menudo parece impenetrable e incomprensiblemente complejo desde la vida física. Desde mi perspectiva actual, la existencia más allá de lo físico es completamente encantadora, deliciosa y extraña, infundida con amor ilimitado, intensamente satisfactoria y eufóricamente fácil. Va más allá de lo fascinante, y yo, honestamente, preferiría estar allá.

No obstante, esta vida física es una experiencia única, y «es» fascinante desde la perspectiva de la conciencia expandida. Es completamente encantadora, deliciosa y extraña, retadora y locamente excitante. El enfoque agudo, necesario para mantenerse en el plano físico colectivo, es intensamente placentero para el Yo Completo. La realidad física es un truco de equilibrio, un desempeño de altura, una prueba de velocidad en sets de habilidades complejas intensamente concentradas. Cada uno de nosotros es un piloto F-22 volando a quince metros de la cubierta, a través de un cañón estrecho imposible. Al encontrarme en la situación inusual de haber sido bombardeada, me siento como si fuera volando ese jet, a quince metros de la cubierta, a través de ese cañón estrecho imposible, «boca abajo».

Al contemplar el regreso a lo físico, estando aún un poco cansada por dentro y sabiendo que me vería inmediatamente inmersa en lo que podría ser descrito acertadamente como un naufragio, estaba «emocionada».

Fresca de haber experimentado la facilidad del Tiempo/Espacio, las posibles realidades experimentadas como resultado del pensamiento, libre albedrío y responsabilidad personal, sanando a través de la intensión, viendo la vida de forma divertida, parpadeando de aquí para allá, nada siendo sólido, todo siendo consciencia, de forma individual y, sin embargo, siendo uno con todo… parecía excitante el enfocarme en el plano físico nuevamente.

Mientras raramente sentía esa emoción pura estando dentro del enfoque físico, remanentes de eso ciertamente informaban mis percepciones, tal y como todos los elementos de mi experiencia extracorporal. Podría parecer que, el conocimiento ganado fuera del cuerpo, no es realmente para uso práctico dentro de las vidas que dirigimos. Sin embargo, la información ya se puso en práctica, sea que lo sepamos o no. La consciencia expandida coexiste necesariamente con la vida física y la informa constructivamente.

En caso de que el lector se sienta estafado por haber comprado un libro basado en haber sido bombardeado en Iraq, para sólo encontrar una decepcionante escasez de tripas y sangre, intentaré compensarlo en las siguientes páginas. Una descripción del mundo físico al que regresé para participar en él, parece un punto de contacto útil para direccionar la aplicación de consciencia expandida hacia la vida física; y una manera justa de envolver este libro.

Recordaré al lector que las definiciones de la jerga militar se pueden encontrar en el glosario.

Entonces, he aquí el texto completo del suceso, escrito como un ejercicio por mantener mi memoria fiel y honesta, mientras que aún era una paciente del Walter Reed Army Medical Center. Este es el mundo físico al que regresé.

Apenas y había cerrado mis ojos, una mano sosteniendo mi cabeza, el codo en la manija de la puerta. Era el final de un largo día de visitas a construcciones y estábamos ya a sólo unos minutos de nuestra base. Ya hacía tiempo que había dejado de prestar atención ante lo que pasaba fuera de la ventana, y había perdido la noción de cuán lejos estábamos del resto de nuestro convoy de seguridad. Este equipo parecía estar viajando con medio kilómetro o más de camino entre los vagones, y ya tenía tiempo que no había visto a la PI* que nos escoltaba. Sin conocer bien a los dos hombres de seguridad que estaban sentados al frente, no había platicado con ellos. Algunos hombres prefieren fijar su atención en el ambiente; no estaban hablando el uno con el otro, así que sentí que quizá no aceptarían comentarios ni preguntas de mi parte. El equipo trabajaba a micrófonos cerrados*, una forma asombrosamente aburrida de viajar en el asiento trasero de una Land Cruiser blindada, lejos de la plática de los hombres de seguridad hiper alertas, informados por múltiples sets de alertas sensoriales. Como pasajera, llegué al punto familiar de ser arrullada artificialmente hasta el aburrimiento.

Todo lo que escuché fue un «pop», el sonido de un corcho de champagne a cien metros. El sonido de Microsoft abriendo una ventana nueva. Un chasquido de dedos al otro lado de la oficina.

Recuerdo vívidamente el tomar un respiro largo y profundo, más como un suspiro haciendo eco a otro suspiro interno. Pensé: «mierda». Estaba cansada internamente, exhausta de haber pasado varios días intentando entrenar a un nuevo gerente de proyectos, mientras me ponía al tanto con una carga de trabajo demandante, después de dos semanas de descanso insuficiente. No quería algo difícil, algo que requiriera esfuerzo. Quería descansar.

Mala suerte.

«Sigue adelante con esto», me dije a mí misma.

Abrí mis ojos.

No fui capaz de ver a través de mi ojo derecho, el que mi mano había estado cubriendo a medida que me acomodaba para tomar una breve siesta. Mi ojo izquierdo estaba bien. Dejé que mis dos manos descansaran sobre mis muslos. Ambas estaban cubiertas con sangre. «Qué color tan hermosamente saturado, tan vívido —pensé—, carmesí de alizarina». Levanté mi mano derecha nuevamente para cubrir mi ojo.

El interior de la Land Cruiser parecía carbonizada, humeando con quemaduras de pólvora, o lo que sea que esté dentro de un AEI*, que genera esa apariencia negro tostado. Había sangre a todo alrededor. Miré hacia Ben (un colega) y pronuncié su nombre al mismo tiempo que noté un agujero en su muslo. La arteria femoral debería haber estado ahí, estaba segura, pero él no sangraba. «Quizá el agujero ha esquivado la arteria», pensé, a pesar de que sabía que era imposible.

Ben gimió fuertemente.

—Mierda —dijo—. Oh, mierda. —Se meció un poco, doblándose hacia adelante y sentándose erguido de nuevo. No respondió a mi voz. Toqué su brazo, pero no miró hacia mí.

«No puede escucharme —pensé—. Entró en pánico. Déjalo ir por ahora».

Todos nos sentamos erguidos en nuestros asientos, el vehículo continuó rodando por el camino y, después de que Ben dejara de quejarse, hubo un silencio absoluto.

El camión siguió rodando por lo que se sintió como unos doscientos metros, entonces hizo un giro perfecto y silencioso hacia la derecha, rodando fuera del camino hacia un área clara de tierra arenosa. No vi a Ian (nuestro conductor) moverse, pero fue un control tan perfecto, que debía de estar consciente y conduciendo.

El camión se detuvo.

Puse mi mano derecha de vuelta sobre mi pierna y la estudié una vez más; la piel estaba triturada por completo en el meñique y el anular. Toda la piel estaba ahí, sólo que estaba llena de hoyos como la superficie de un rallador de queso parmesano. Los demás dedos no estaban tan mal, pero la totalidad de la mano estaba cubierta de sangre.

Se sintió como si eso hubiera tomado un largo tiempo, y ahora, cuando revivo el momento, sé que fue lento y sin prisas. Parecía importante el asimilar cómo se veía todo y cómo se escuchaba, evaluar el estado de este nuevo ambiente. Aparte del ojo y la mano, las piernas de mi pantalón estaban empapadas en sangre, a pesar de que no podía ver ningún agujero en la tela. Mis piernas y pies se sentían bien y se encontraban aún ahí. Optimistamente, supuse que la sangre provenía de los demás.

Nadie más se movía, así que pensé que yo estaba mejor. Comencé a apalancarme hacia la consola central. Mi muñeca derecha no estaba funcionando correctamente. Dejé de usar ese brazo, colocando la mano nuevamente sobre mi ojo.

Moviéndome en lo que se sintió como consciencia total, pero en cámara lenta, utilicé mi brazo izquierdo para impulsarme, maniobré hasta la consola central, girando desde la cintura para observar la parte frontal del camión.

Estaba buscando el transpondedor, pero no había uno. Probablemente no importaba; uno de los demás camiones debió habernos visto siendo golpeados. Si no lo habían visto, notarían el silencio de nuestra radio; verían la columna negra de humo distintiva, elevándose hacia el cielo. Ellos lo sabrían. Estaban en camino y deberían haber llamado ya a la base.

Me arrastré hacia el med kit* que estaba a un lado de los pies de Mark, pero sus piernas estaban bloqueadas contra él. Yo no tenía fuerzas para jalarlo y no podía hacer palanca. Me rendí. Creo que intenté sacar el rifle de entre el med kit y sus piernas, pero también estaba atascado. Ahora no estoy tan segura, ¿intenté jalar su rifle? Quizá. Quizá no. ¿Por qué no tomé su pistola? No pensé en eso. El estar armada no era una prioridad en ese momento. No escuché ningún arma pequeña disparándose ni explosiones adicionales que pudieran haber indicado un ataque coordinado. Estaba segura de que el resto del equipo vendría rápidamente a ayudarnos.

Miré a Mark e Ian en los asientos frontales, sólo lo suficiente para determinar que ellos, tal como Ben y yo, no estaban sangrando. ¿Estaban conscientes? ¿Qué heridas tenían? No lo sé. No me concentré en eso. Quizá no quería saberlo, pero no estoy segura de que se me ocurriera.

Desaté el cinturón de Ian, esperando que eso le ayudara a salir más rápido cuando el equipo llegara a ayudarnos. No recuerdo haber desatado el de Mark, pero quizá fue lo contrario. «Recuerda desatar el de Ben», me dije a mí misma.

Me empujé alejándome de la consola, giré y me senté de nuevo en mi asiento. Para ese entonces, ya se me había olvidado desatar el cinturón de Ben.

Me incliné hacia atrás y miré por la ventana.

El cristal tenía una película. Por encima del cristal grueso blindado, la película hacía difícil el ver hacia afuera y, sin mis lentes, de cualquier forma, no podía ver bien con mi ojo izquierdo. Eso me frustraba. Tenía que ser mi ojo derecho el que fuera alcanzado; el ojo que tenía buena visión de lejos. Mi ojo izquierdo era para ver de cerca. Giré mi cuerpo hasta un ángulo agudo para ganar una visión borrosa detrás de nuestro vehículo. No podía ver los demás camiones, sólo desierto.

Miré nuevamente a Ben. Parecía estar inconsciente y aún no sangraba. Un rostro iraquí apareció por la tronera del lado de Ben, cuya tapa había sido volada. El hombre vestía uniforme: uno de nuestras escoltas de policías iraquíes. Sus ojos se agrandaron en cuanto se encontraron con los míos.

—¡Ayuda! —gritó, mientras giraba su cabeza hacia la parte trasera de nuestro vehículo.

«Así que el equipo está alcanzándonos», pensé. Él me miró nuevamente con esos ojos grandes, asustados, y luego desapareció.

Observé nuevamente mis piernas, el BDU* cubierto de sangre. Bajé mi mano derecha y la miré, la carne hecha picadillo en mis dedos.

Escuché un grito y la puerta de Ben se abrió de golpe. Jack apareció, inclinándose para mirarnos.

Me incliné un poco hacia adelante y en dirección a él.

—Estoy bien —dije con urgencia—. Saquen a Ben, su pierna se ve mal.

—¿Tú estás bien? —preguntó Jack.

—Sí —le dije—. Saca a los demás primero, yo estoy bien. La pierna de Ben está mal.

Creo que los demás hombres del equipo se acercaron después, detrás de Jack. Alguien cortó el cinturón de Ben, recordándome que había olvidado desabrocharlo. «Mierda». Me incliné e intenté soltarlo, pero para el tiempo en que encontré el botón, ya habían roto el cinturón y estaban tirando de Ben hacia afuera, recostándolo sobre el suelo.

Ian era el siguiente. Los hombres le ayudaron a salir del asiento del conductor. No podía ver a dónde lo llevaron. Intenté mirar fuera de mi ventana, para ver cómo estaban desplegados los camiones y en dónde nos encontrábamos, pero todo lo que vi fue un pedazo de suelo prácticamente vacío, tierra, y una Land Cruiser sin movimiento. No alcanzaba a ver a ningún otro hombre.

Mi puerta se abrió.

—¿Te encuentras bien, Nat? —preguntó Jack.

—Estoy bien —le contesté.

—Veamos tu ojo —dijo—. Mueve tu mano.

Bajé mi mano derecha y miré su expresión, la cual no cambió. Pensé que probablemente no era algo bueno, pero él no vomitó y no comenzó a gritar, así que, quizá, el ojo estaba aún ahí. Descubrirlo no era una prioridad y mentalmente lo dejé ir de inmediato. Jack se acercó para arrancar de mis cejas el resto del armazón de mis lentes de sol; cuando lo hizo, se sintió como si hubieran estado impresos en mi piel entumecida.

—Bien —dijo, pasándome una venda—. Mantén esto por encima.

Yo sostuve la venda contra mi cara y él me ayudó a salir del camión. Cuando puse peso sobre mi pie derecho, trastabillé, con dolor punzando en mi tobillo.

—¿Estás bien? —preguntó nuevamente.

—Bien —le dije—. Es sólo mi tobillo derecho—. Esperaba que, manteniendo mi peso sólo en los dedos de la bota derecha, no me doliera de esa forma.

Me ayudó a llegar al centro del anillo de camiones y me pidió que me recostara sobre el suelo y me quitara el casco. Me tumbé y retiré mi casco.

Descansé mi cabeza contra la tierra y me relajé, preguntándome en dónde estaban todos los demás. Estaba agradecida de estar recostada sobre la tierra. Me gustaba tocar el suelo, la arena cálida del desierto y la gravilla. Tomé un suspiro profundo del cálido aire y estudié el cielo azul. El sol caliente se sentía bien, empapando mis ropas. Me pregunté por qué me habían sacado del camión antes de haber ayudado a Mark, porque yo podría haber esperado hasta que lo ayudaran a él. Yo estaba consciente, no sangraba; me preguntaba si sería porque yo era un cliente, técnicamente su primera responsabilidad, o algo así. Deseé que no fuera así y estuve agradecida de que hubieran ayudado primero a Ian. El cielo era de un azul hermoso y la tierra estaba cálida, cómoda, familiar. Todo estaba tan en calma y callado en donde yo me encontraba.

Pocos minutos pasaron antes de que alguien viniera conmigo y me pidiera que lo siguiera. Recuerdo haberme preguntado en dónde estaban

los demás, «un equipo de al menos doce hombres, los PI*
acompañantes, ¿en dónde estaban todos esos hombres?» Me pregunté
si estaban desplegados alrededor de nuestro perímetro, trabajando con
Ben, Ian, Mark, manejando las radios… al mismo tiempo, pensé:
«debería estar viendo algo de esa actividad», y no me podía imaginar
por qué no lo hacía, por qué estaba todo tan callado y en calma en donde
yo me encontraba.

El hombre me ayudó a trepar a una Land Cruiser, y me acomodó en
el asiento posterior. Olvidé mi casco, dejándolo sobre la tierra.

Conocía a la mayoría de los hombres del equipo, al menos de vista,
pero, por alguna razón, no presté atención a los individuos a medida que
me ayudaban. Sólo estaba consciente de algunos hombres buenos y
competentes ayudando y cuidando de la situación. Por alguna razón,
Jack era el único hombre que reconocí durante todo este evento, el único
miembro del equipo con el que recuerdo haber hablado en voz alta,
después de haber pronunciado el nombre de Ben, a medida que
rodábamos en silencio por el camino, justo después del bombardeo.

Recuerdo haber pensado, «estos pobres chicos», sospechando que
los hombres en este equipo, los que habían estado ausentes, lo debieron
haber pasado mal enfrentando todo esto por un tiempo. Deben haber
tenido que estar en el mismo ambiente, haciendo las mismas cosas,
tomando los mismos riesgos, pero ahora, con una memoria física de
haber ayudado a gente destrozada después de un golpe. Estarían en el
mismo ambiente, pero con sus mentes y emociones distintas. Yo estaría
ocupada sanando por un tiempo. Estaría ocupada con algo nuevo, en un
nuevo ambiente, cautivada por el momento, tan jodido como fuera ese
momento. Si pudiera, me gustaría hacerles saber que yo estaba bien y
que ellos hicieron todo lo correcto, todo lo que era posible hacer. Me
dije a mí misma que, una vez que se estabilizaran las cosas, una vez que
llegara a Walter Reed o donde quiera que fuera, encontraría la manera
de decirles cuán agradecida estaba y cuánto los respetaba y me gustaba
trabajar con ellos, ahora y por los últimos quince meses.

Ian estaba sentado a un lado de mí en el camión al que me movieron.
Nos miramos el uno al otro. Él me señaló algo, pero no lo pude entender.
Lo hizo de nuevo, algo que tenía que ver con mi ojo, o su ojo, o el

vendaje que sostenía contra mi ojo, o uno que él necesitaba para su ojo. Yo sacudí mi cabeza, confundida. Él intentó nuevamente. Yo no comprendí. Me giré para mirar por la ventana, frustrada. Estaba avergonzada por alguna razón, por nosotros, por no haber entendido nada.

En ese momento no me podía imaginar por qué simplemente no nos hablamos el uno al otro; por qué no simplemente le hablé. Supongo que él empezó sin hablar, y ya que él estaba haciendo señas sin hablar, yo seguí su ejemplo. Ahora, me parece absurdo. Oye Ian, ¿qué estábamos haciendo? Ahora me sorprende, dos personas que pueden hablar perfectamente bien, mandándose mensajes con señas incomprensibles... No puedo evitar dejar de reír mientras escribo esto. «¡¿Qué estábamos haciendo?!»

Miré por la ventana y después, pensé, frustrada, avergonzada por mi densa incapacidad por entender, preguntándome qué quería él, intentando descifrarlo. Y preguntándome aún en dónde estaban todos los demás. No había nadie visible del otro lado de la ventana, sólo un par de Land Cruisers estáticas. Ningún hombre, ningún movimiento. No sucedía nada. Sólo tierra y camiones estacionados. Desierto. Cielo.

Se sintió como si hubiéramos estado ahí sentados por un largo periodo. Ahora pienso que fueron cinco minutos, no mucho más y quizá menos.

«¿Qué se había logrado con todo esto? —pensé, mirando hacia el desierto—. ¿Qué ha cambiado ahora para alguien, habiéndonos bombardeado? ¿Qué ha seguido adelante o qué se resolvió? Nada. No tiene sentido alguno. Así es cuán significativamente inútil es la violencia».

La radio estaba ahora a micrófonos abiertos...

—Tenemos dos superficiales, dos críticos —dijo alguien.

Recuerdo haber pensado: «Mark es el otro crítico».

—Corrección... dos superficiales, un crítico —afirmó casi inmediatamente la voz.

Y ahí supe que Mark había muerto.

No sé cómo supe que era Mark. Podría haber sido Ben, ¿no es así? Su arteria femoral había desaparecido. Pero supe que era Mark.

Me pregunté si estaría ciega de mi ojo derecho. Me pregunté si había alguna ventaja ante eso, recordando un sueño que tuve después de que murió mi abuela. En él, ella estaba ciega. Ella hacía pinturas hermosas en mi mente y me dijo con una voz bastante intensa: «Natalie, no necesitas ojos para ver».

«Quizá si un ojo estaba físicamente ciego, me permitiría ver otros mundos con mayor claridad». Me emocioné un poco al pensar en eso, pero después pensé que probablemente pudiera ver ambos, como había hecho a menudo, ver otros mundos y ver el mundo físico mediante ese ojo, y eso era lo que yo quería.

Jack abrió la puerta frontal del camión en donde estábamos sentados Ian y yo. Él tomó el auricular del radio. El helo* estaba en camino y no podía encontrarnos. Incapaz de lograr comunicación directa, los hombres tenían que hablar a la base y la base transmitir al helo. Así es cuán jodidas estaban las cosas. Si el helo no podía encontrarnos, nosotros tendríamos que conducir hacia la base. Yo no quería tener que conducir hacia la base. No quería quince minutos de camino para pensar cuán mal podía estar mi ojo, esperando cruzar las estúpidas puertas. Quería que alguien se hiciera cargo de mi cuerpo y moverme, moverme, moverme. Quería la evacuación médica en helicóptero.

Me dije a mí misma que debía dejar de quejarme. Si teníamos que conducir, eso también sería interesante en cierta forma.

Escuchamos al helo pasando sobre nosotros.

—¡Acaban de volar por encima de nosotros! —gritó Jack a la radio—. ¡Nos acaban de pasar!

—No grites —respondió una voz femenina tranquila—. Intenta mantenerte en calma.

—¡No estoy gritando! —gritó Jack.

Yo sonreí, ¡demasiado típico!

—¡Traigan el helicóptero de vuelta! —gritó, un poco más suave, hacia el micrófono—. ¡Nosotros haremos humo! Diles que sigan el camino de vuelta y nos busquen, estamos desplegados… algo por el estilo. Él les dijo en qué lado del camino, qué color de humo, quizá. Algo.

Jack tuvo comunicación directa con el helo después de eso, de acuerdo con mi posible memoria faltante. Creo haber escuchado la voz del piloto en la radio. Las cosas comenzaron a moverse. Jack saltó fuera del camión y yo pude ver hombres corriendo y nubes de polvo formándose fuera de la ventana. En pocos minutos, la puerta a mi lado se abrió y dos hombres me ayudaron a salir del camión, colocando mis brazos sobre sus hombros.

Pude haber gritado. Mi muñeca derecha se volvió una masa de dolor agudo, a medida que el hombre a mi derecha la jalaba para pasarla sobre su hombro. Eso no nos retrasó. Ellos me llevaron corriendo hacia el helo, de donde un médico salió para ayudarme a abordarlo.

—¿Cómo estás? —me preguntó.

Yo sonreí.

—He tenido mejores días —admití. Creo que él sonrió de vuelta.

Me recostaron sobre una camilla en el helo. Alguien pasó una cuchilla por la pierna izquierda de mi pantalón, la más ensangrentada, deslizándola limpiamente. Pero quizá eso fue antes… un par de viñetas se han vuelto vagabundas de mi memoria, ahora estando aquí, pero ayer estableciéndose allá. El corte de mis pantalones es un evento nómada.

Me gusta conducir helos y tenía curiosidad por ver cómo lucía el interior de un helo de evacuación médica. Me inyectaron con tanta morfina, creo yo, que ya no recuerdo cómo lucía. Maldición.

Mis heridas incluían dientes rotos (algunos de los cuales tomaron la salida rápida a través de mi cara), un tobillo roto por esquirlas; pequeñas esquirlas se esparcieron por toda una pierna; una muñeca rota, un antebrazo desecho (ulna «y» radio), la mano derecha llena de esquirlas, un hoyo en mi cráneo que exponía mi seno frontal, una fractura de cráneo (¿no es eso redundante?), esquirlas en ambos ojos y en mi cara y senos frontales, heridas de trauma por fuerzas contundentes en un ojo (lo que llevó, eventualmente, a desprendimiento de retina), y todos los huesos rotos del lado derecho de mi cara.

Un médico angustiado le dijo a un amigo que mis manos estaban hechas tal desastre, que mi mano derecha podría quedar inservible, y que, de cualquier forma, yo podría no salir adelante con el agujero de mi cabeza. (Esta ha sido la mejor herida para las bromas. Imagínatelo).

Tal y como lo afirmé para el médico del helo, ¡he tenido mejores días!

La aplicación más fácil de la consciencia expandida es la que se realiza de forma inconsciente. Nuestra cultura nos enseña que la intuición es «sólo» imaginación, las coincidencias son solo un golpe de suerte al azar, y que los momentos de inspiración son el subconsciente realizando algunas nuevas conexiones de forma inexplicable. Llámale instinto, corazonada, intuición o guía del subconsciente, yo sé que esos momentos son comunicación: el Yo Completo ha encontrado un camino claro a través de la mente consciente, ocupada y llena de creencias. La consciencia expandida se comunica constantemente con la percepción de la mente consciente. ¿Cómo podría ser diferente? Soy consciencia expandida, tanto como consciencia enfocada. Soy una personalidad.

Después de leer los primeros ocho capítulos, pueden ser obvios algunos ejemplos específicos de consciencia expandida en el trabajo, dentro de mi relato post explosión. Supe de forma inmediata, antes incluso de abrir mis ojos, por ejemplo, que habíamos sido golpeados por un AEI*, y que los resultados eran más que sólo unos raspones por todos lados (un resultado más común de lo que uno pudiera imaginar). Supe que había sido Mark quien había fallecido, a pesar de que pudiera haber sido también Ben, esquivando sólo por centímetros su arteria femoral. También supe que yo viviría y me recuperaría, no necesariamente que estaría en la misma forma en que estaba antes del accidente, pero sería una versión funcional de mi antiguo ser. Nunca se me cruzó siquiera por la cabeza la idea de que mi mano no funcionaría, o que yo moriría por las heridas de la cabeza.

En lugar de separar este y otros aspectos específicos de mi experiencia, y posiblemente insultar la habilidad del mismo lector para conectar los detalles con ideas ya presentes en este libro, prefiero enfocarme en una porción del incidente que abarca lo que yo descubrí como uno de los aspectos más intrigantes de la consciencia expandida: el misterio de por qué era yo incapaz de ver a nadie, excepto a los hombres que interactuaron directamente conmigo. Más de veinte hombres armados estuvieron en la escena. Estaban vigilando el perímetro, moviéndose alrededor por toda el área, y trabajando en Ben, Mark e Ian. Se me contó después que, un buen número de iraquíes detuvieron sus coches y se agruparon alrededor de nuestro perímetro para ver qué estaba sucediendo. Un hombre intentó cruzar el perímetro, ocasionando algunos momentos de tensión para nuestros guardias y colegas. Sin embargo, cuando yo miraba alrededor periódicamente, intentando ver lo que todos estaban haciendo, no veía «a nadie», a menos que interactuaran directamente conmigo en cierta forma.

Cuando vi el incidente desde la consciencia expandida, fue como ver escenas múltiples entrecruzadas y superpuestas entre ellas. Toda la gente en la escena estaba explorando activamente sus propias posibles realidades, uniéndolas en ocasiones con los caminos elegidos por otras personas, y después, moviéndose nuevamente hacia sus propias experiencias separadas, combinando con un grupo pequeño o casi con la totalidad del grupo, para luego separarse de nuevo. Las decisiones instantáneas las realizan nuestros Yo Completos; las combinaciones instantáneas y acuerdos cooperativos son formados, descartados y vueltos a formar en otras combinaciones. La totalidad de la escena es extremadamente fluida y compleja, a pesar de moverse suavemente y con una armonía extrañamente perfecta. A medida que el tiempo físico progresa, los acuerdos comienzan a fusionarse, reuniendo a más personas hacia la interacción coreografiada, hasta el momento en que el helo llegó, y las acciones de todos se unieron en una sinfonía de enfoque colectivo. En esta confluencia del tiempo, las acciones de todos interactúan directamente con las de los demás, en cierto sentido, solidificando una sola versión de la experiencia colectiva.

Este es un concepto difícil, siendo tan curiosamente extraño para las creencias estándares que forman la estructura de nuestra percepción. Un ejemplo puede ayudar para comprender lo que percibí que estaba sucediendo. Quizá el lector evoque una clase típica de escritura creativa en inglés, en donde a los estudiantes se les pide elegir un artículo pequeño de algún periódico y convertirlo en un relato completo de ficción, creando la historia detrás del artículo. El estudiante inventa las circunstancias, establece la escena, crea personalidades tridimensionales para los personajes y describe la acción que lleva hacia el pequeño incidente reportado en el artículo del periódico. Para nuestros propósitos, imagina que se les dio el siguiente artículo a veinte estudiantes:

El día de hoy, dos civiles trabajando para la armada estadounidense y un contratista de seguridad, fueron severamente heridos en un atentado con bomba caminera al sur de Iraq. Otro contratista de seguridad falleció durante el ataque. El vehículo en el que viajaban, era uno de los cuatro que conformaban un convoy de seguridad personal, escoltado por la policía iraquí. El personal herido fue evacuado por aire hacia (xx), base aérea, cerca de la ciudad de (xx), en donde fueron estabilizados antes de ser trasladados vía aérea hacia Balad, Iraq, para someterlos a cirugía de emergencia y mayor estabilización, previos a ser evacuados hacia Alemania.

Para este ejemplo, asumiremos que los veinte estudiantes de escritura han trabajado en el sur de Iraq, al menos durante los últimos seis meses, ya sea como civiles empleados de gobierno o como contratistas de seguridad personal. Esto supondrá que cada escritor creativo comparte con los demás al menos alguna información rudimentaria acerca del ambiente y lugar, compañías de seguridad personal y vehículos, la respuesta estándar de un equipo para una situación de emergencia, y varios más detalles útiles. Incluso con esa base compartida, ellos probablemente tendrán variadísimas versiones de la acción dentro de las veinte historias, junto con similitudes y coincidencias sorpresivas.

Ahora, imagina que cada historia diferente, escrita por estos estudiantes creativos, era actuada, todas en el mismo escenario y al mismo tiempo. Cada una de las veinte historias tendría una dotación completa de actores; digamos treinta personas. Aparte de los cuatro principales, habría dos civiles de la armada, un sargento de la reserva del ejército estadounidense, un comandante de la reserva naval estadounidense, diez guardias de seguridad personal y doce policías iraquíes. Veinte historias multiplicadas por treinta miembros del ejército, forma seiscientas figuras sobre el escenario. Para que se aproxime a la facilidad con que percibo la acción que ocurrió en el incidente real, podría ayudar el imaginar a los actores sobre el escenario como fantasmas. Los fantasmas son tan efímeros como para moverse a través de objetos sólidos, incluidos los demás personajes.

La totalidad de las veinte historias creativas incluyen dos escenas del artículo original: el momento de la explosión y la evacuación aérea. Entre esas dos acciones colectivamente acordadas, las veinte historias diferirán. Sin embargo, dentro de algunas de las historias escritas por los veinte estudiantes, algunas acciones podrían mostrarse en tres de aquellas historias, u ocho o dieciséis. El único momento en que el fantasma de un escritor interactuará con el de otro, es cuando las dos (o seis, o diecisiete) historias incluyan una acción casi idéntica dentro de la escena. De otra forma, los actores se moverán a través de los demás, cada grupo actuando su propia escena sin interferencia. Por ejemplo, digamos que cuatro historias describen casi de forma idéntica, al camión bombardeado rodando por el camino, girando hacia el desierto. Imagina que dieciséis de las historias describen casi de forma idéntica a los demás vehículos del equipo convergiendo alrededor del camión bombardeado; y siete historias describen al líder del equipo abriendo una de las puertas del camión bombardeado. Asume que, dos historias son casi idénticas en su descripción de los hombres administrando primeros auxilios a una de las víctimas; y que dos más son idénticas en su descripción de los hombres ayudando a otra víctima a salir del vehículo bombardeado y llevándola dentro de otro vehículo.

Tú, el lector, podrás seguir imaginándote tus propios ejemplos de momentos o detalles que se comparten en algunas de las historias y las muchas formas en que esas historias nunca se superponen con las demás. No soy una genio en matemáticas, pero sospecho que alguien podría fraccionar las veinte historias en sus unidades de acción, por cada uno de los seiscientos fantasmas en el escenario, después hacer una referencia cruzada para aquellas unidades, entre la totalidad de las veinte historias y seiscientos fantasmas, y llegar a un número astronómico de puntos posibles de solapamientos y diferencias.

Dentro de la matriz de acción compleja superpuesta de los fantasmas, el tiempo y espacio puede ser comprendido como Tiempo/Espacio, así que, a pesar de que una acción casi idéntica tome lugar en un estimado de diez minutos después del bombardeo en una historia, y catorce minutos después del bombardeo, en otra historia, se asume que los fantasmas actuando dicha acción, se traslaparán en aquella confluencia de acción, como si no existiera diferencia de tiempo. Y me disculpo por esto, pero para complicar aún más el asunto, mantén en mente que una historia puede atribuir una acción a los hombres A, B y C, mientras que otra historia atribuye la misma acción a los hombres B, D y Z.

Todas las acciones que son compartidas entre las historias se verán como puntos de convergencia sobre el escenario lleno de fantasmas, con acción fusionándose repentinamente en esta esquina del escenario, fluyendo para separarse y reunirse en otra zona del escenario.

Obviamente, desde una perspectiva de consciencia física, esto parecería imposiblemente caótico y agravantemente incomprensible. Aun así, hay sentido para cada acción dentro de cada historia. Hay un orden en cada escena. Y, mientras que el momento de la evacuación aérea se acerca, todos estos hilos de acción, imposiblemente complejos, traslapándose y separándose, comienzan a unirse en la evacuación, fusionándose en esa interacción más o menos colectiva.

De hecho, incluso los detalles de la acción colectiva de la evacuación, diferirán, lo que es un ejemplo de la exploración «continua» de realidades posibles, que sospecho que experimentamos como Yos Completos, mientras que nos enfocamos en la realidad física.

Esta es la descripción ilustrativa más cercana que puedo darte de lo que percibo como la realidad detrás de mi inhabilidad para ver cualquier acción en la escena de las secuelas de la explosión. Hablando con los otros involucrados en el incidente, encontramos que nuestras memorias no coinciden en la secuencia temporal ni en los detalles de la acción. Como un simple ejemplo, Ben está convencido de que la ventana a un lado de él fue volada por completo, mientras que yo recuerdo vívidamente ver a la policía iraquí observándonos a través de la tronera, que estaba aún en su lugar, fija en el cristal de la ventana de Ben. Quizá ambos estábamos en lo correcto.

Mi comprensión es que, la exploración de realidades probables, es una actividad que sucede constantemente para todos nosotros. Las realidades opcionales y caminos de experiencias están siendo creados perpetuamente, formados y elegidos o descartados como un camino de enfoque. Sin embargo, nos hemos enseñado a nosotros mismos a sublimar esta complejidad. Apagamos el trasfondo creativo de realidades probables fluyendo. Enseñamos a niños cómo ordenar la percepción de una forma en que nosotros hemos sido enseñados, creando y manteniendo una versión específica de nuestro mundo funcional, enfocándonos en ciertas cosas y relegando otras a la «imaginación», por razones de las cuales hemos perdido rastro, pero que alguna vez debieron haber servido, y aún han de servir, para el propósito creativo de nuestros Yos Completos. El enfoque ajustado que hemos elegido resaltar, no niega el hecho de que esta exploración creativa continúa todo el tiempo; solamente nos ciega ante el proceso.

En este contexto, yo no estaba viendo individuos moviéndose alrededor de la escena del incidente, a menos que ellos interactuaran directamente conmigo, porque yo ocupaba una hebra única de la realidad, sólo ocasionalmente dejándome llevar hacia una intersección con los demás. Un pensamiento que tenía mientras estaba recostada en el suelo, admirando el cielo azul, fue que, en el silencio, yo me sentía como si estuviera «entre» todo lo que debía estar sucediendo a mi alrededor. Quizá sí que lo estaba.

Tal como uno pudiera imaginarse, este aspecto de la experiencia me ha provisto con horas de entretenimiento imaginativo. Cuanto más tiempo llevo alrededor este concepto, más se transforman mis ideas sobre tiempo, espacio y realidad. Puede hacer que mi cabeza de vueltas sin parar, para ser honestos. Si mi comprensión de esta porción de mi experiencia es correcta, mi historia personal se vuelve una imagen mucho más compleja. Cuando recuerdo algo de mi infancia, que nadie más de mi familia recuerda, por ejemplo, quizá este fenómeno lo explica: quizá nos dividimos en diferentes realidades probables y nos reunimos después de experimentar eventos diferentes. Llevándolo un paso más adelante, el combinar realidades probables con el Tiempo/Espacio de forma simultánea, sugiere que el pasado mismo (tanto como el futuro) puede, de hecho, ser alterado mediante la intención, mediante el pensamiento, en cualquier punto en que nos tomemos el tiempo para volver a imaginar la escena.

En ocasiones me pregunto qué piensan otros que se cruzan con estos conceptos del Tiempo/Espacio y las realidades probables (psíquicos, místicos, físicos cuánticos de vanguardia, personas a las que llamamos enfermos mentales), a medida que conducen camino a casa desde el trabajo, o mientras discuten con el mecánico automotriz, o cuando observan las noticias de la noche. Me pregunto cómo manejan lo que otros consideran interacciones de rutina con otras personas o cómo especulan sobre sus decisiones diarias o elecciones.

Por ejemplo, cómo responden cuando alguien dice algo tan simple como: «Bueno, ¡tenemos sólo una vida por vivir!». ¿Es que sólo se ríen y dicen (¡alerta de tontería!): «De hecho, vivimos una infinidad de vidas, todas en un mismo momento, o fuera del tiempo, si así lo prefieres, y por infinidad me refiero a eso, «¡infinidad!» Cada elección, cada decisión en que has pensado, incluso por un instante, ha creado y continúa su propio camino y podría, de hecho, cruzarse y reunirse de nuevo con tu camino. ¡O no!»?

Por supuesto, ni ellos ni yo decimos eso, pero ese tipo de cosas pasan por mi mente. En ocasiones, me hago nudos mentales intentando figurar cuál podría ser una respuesta culturalmente apropiada para un comentario casual de algún compañero, especialmente si he divagado por mi cuenta, explorando una aplicación de la consciencia expandida ante alguna situación aislada que ha aparecido en mi mente: lavar la ropa, la guerra en Afganistán, una picadura de mosquito, la política en Sudáfrica, hermanos, tsunamis o volcanes… Algo tan innocuo como un extraño preguntando de dónde soy, puede sacudirme en remolinos de confusión. La realidad colectiva puede parecer tan completamente bizarra y alienígena para mí, tanto como lo paranormal o la física cuántica pueden parecerlo para la mayoría de las personas.

Este mundo, tal y como lo conocemos a través de la vida diaria, los medios, experiencias compartidas, reglas y costumbres culturales, doctrinas religiosas, poder político, todas nuestras pequeñas y amplias creencias, es la realidad cooperativa colectiva «por el momento». Para poder interactuar sin ser echada a una institución mental, es necesario, con frecuencia, negociar conmigo misma, eligiendo cuándo y en dónde es apropiado enfocarme hasta el punto exacto de la vida física tal y como es, y cuándo podría servir expandir mi consciencia. Tan intrigante como puede ser este cambio de percepción conceptual, «es» importante para mí el anclarme a la tierra en la vida física, en lo práctico, en la versión de la realidad que es colectivamente acordada en el tiempo presente. Elegí una vida física en este enfoque y este marco de tiempo, así que parece lógico participar en ella.

De hecho, un amigo me preguntó recientemente cuál considero que es el conocimiento más útil prácticamente, ganado durante toda esta experiencia de haber sido bombardeada y haber tenido una EEC. De entre todo el alucine potencial (mal juego de palabras intencionado), y los conceptos de alteración de la percepción con que me he encontrado, lo que más valoro es aquello que es aplicable diariamente dentro del enfoque físico de lo que acordamos colectivamente llamar nuestro mundo.

La forma más amplia, práctica y útil, en que la consciencia expandida ha influenciado mi experiencia, tiene que ver con las emociones. A pesar de que el tumulto silencioso descrito en mi versión del incidente y sus consecuencias resultantes, pudieran parecer una experiencia traumática, nunca me he sentido traumatizada por ello ni por los siguientes meses llenos de puntadas, drogas, agujas, cirugías, rayos X, terapias, ni siquiera la burocracia (de verdad que es mejor ser un soldado, no un civil empleado de servicios de Horario General del gobierno, ¡en caso de que vayas a ser tratado en un hospital militar!). Recuerdo momentos de decepción que he creado, y cuando acordé mantener un extraño e inconveniente efecto en la visión y ciertas horas de preocupación y esfuerzo, resistiendo el peor escenario, cuando el estado de mi ojo era aún incierto, y después nuevamente cuando su estado fue conocido y fue peor de lo que me hubiera gustado (una variación de visión doble). Tuve pocos días (bueno, semanas… bueno, sí, meses) de dolor atroz en mi brazo, que yo hubiera intercambiado con gusto. Sin embargo, un sentido de sufrimiento ha sido siempre, y es, absolutamente nulo en mi experiencia.

Desde la perspectiva del mundo físico, el «emocionarte» con la posibilidad de quedar ciega de un ojo es, ciertamente, una novedad y una forma de pensar de un posible trastorno mental, sobre lo que podría ser una pérdida bastante inconveniente. Sin embargo, al estar sentada en la Land Cruiser chamuscada, eso fue honestamente lo que sentí: emoción acerca del prospecto, en un momento de diversión pura, impoluta, por cómo «debería» sentirme y de carecer de miedo. Esto no hubiera sido mi forma normal de pensar, antes de haber sido bombardeada. A pesar de que siempre he reaccionado a situaciones de emergencia con una calma inusual, en realidad, «el vaso medio lleno» no era lo mío. Este fue un momento del mundo físico, informado por un disparo claro de consciencia expandida y su curiosidad

97

ansiosa por las posibilidades en «cualquier» experiencia. El recordar mi sueño lúcido con mi abuela fue el gatillo, un recordatorio de la belleza juguetona de las cosas nuevas. «No necesitas ojos para ver», fue también un recordatorio de lo que es real. Lo que es perdurable y real es el Yo Completo, que no depende del cuerpo físico para la vista, o el oído, tacto, gusto u olfato. Tampoco depende de la habilidad para pensar lógicamente, hacer cuentas, encajar en alguna norma cultural, escribir una oración completa, ni cualquier otra necesidad percibida. Con o sin cualquiera de alguna, o varias, de nuestras valiosas sensaciones o habilidades, somos aún personalidades completas, viviendo vidas completas y llenas de sentido, dentro de un enfoque físico.

Estando recostada en el hospital, después de que mi retina hubiera sido reposicionada, y que las implicaciones de esa cirugía me hubieran sido descritas, no pude encontrar esa misma emoción al contemplar una existencia con un solo ojo. No obstante, sentí una sorprendente indiferencia. «Si puedo ver solamente con un ojo —pensé—, no importa. No será por mucho tiempo».

«¡No será por mucho tiempo!» ¡Podrían ser otros cincuenta años!

Ese pensamiento parece, al menos, tan seriamente trastornado, como haber sentido emoción por perder la vista de un ojo. El pensamiento ciertamente me sorprendió, tan pronto como cruzó por mi mente. Soy un artista visual, primariamente una persona visual, y hubiera predicho que, si perdiera la vista de un ojo, hubiera medio entrado en pánico, enojada, deprimida. De hecho, después sería momentáneamente incapaz de encontrar esta conexión con la consciencia expandida y lloraría cuando hablara con mi cirujano de retina acerca de la posibilidad de que no sería capaz de ver con ese ojo. «Soy una artista, ¡de verdad quiero ambos ojos!»

¿Cómo describo la extraña doble consciencia que pareció desdoblarse dentro mío, a medida que lloraba? Estaba completamente involucrada en la frustración y el miedo, al mismo tiempo que una parte más profunda de mí, estaba «observando» mi participación en el plano físico y estaba sorprendida por mi elección de creer en aquella perspectiva.

Esos momentos me son ahora siempre accesibles, inmediatamente deteniendo caídas libres ocasionales hacia la frustración o el miedo. «No es por tanto tiempo. Esto es diferente, podría ser divertido». Cuatro meses, cuatro años, cuarenta o cincuenta años… es sólo un parpadeo. Nunca antes había sido bombardeada, y encuentro un número obsceno de cosas por las que reír dentro de ello. Dentro de las secuelas, con cierta clase de visión doble y muñeca derecha delicada, todo lo que solía hacer sin pensamiento, es nuevo, y yo elijo encontrarlo interesante. Una maravilla y una curiosidad sobre la naturaleza de mi experiencia dentro de la realidad física, a medida que «yo» la creo y mantengo, es un fundamento inamovible para incluso los más ridículos y terribles momentos. Cierto sentido del humor es apropiado para cada situación.

Los budistas han dicho: «El dolor es inevitable; el sufrimiento es opcional». Comprendiendo que yo diseñé mi experiencia del principio hasta el final, y asegurándome, a través de mis experiencias extracorporales, de que mi vida, «tal cual es», tiene valor y sentido, el sufrimiento es imposible. Incluso volviendo a la consciencia en un camión chamuscado, salpicado con sangre, o estando recostada en posición fetal bajo dolor insoportable sobre una cama de hospital, o vomitando hasta mis entrañas por la resaca de la anestesia (¡lo peor!), o contemplando cincuenta años de visión doble, se me ha recordado la subyacente «felicidad por ser», que experimenté más vívidamente fuera del cuerpo. Esto no es felicidad, lo que me parece una respuesta al ambiente y las circunstancias, más que un estado interior constante. Puedo estar deprimida, temerosa, preocupada, irritada, enojada, en otras palabras, infeliz con mis circunstancias o mi ambiente, «mientras» me siento interesada, curiosa, e incluso emocionada por las circunstancias o el ambiente, mi propia creación de eso y mis propias acciones y emociones dentro de ello. No siempre disfruto el hecho de que estoy en «este mundo», ni disfruto estar en «esta» circunstancia en particular, pero siempre siento la alegría fundamental de ser una personalidad consciente, creativa, expansiva, explorando experiencias y disfrutando del humor inherente en todo eso.

La existencia física es única al ofrecer un despliegue impresionante de experiencias sensoriales y emocionales, que se vuelve mucho más intensa al estar en tan claro enfoque dentro de un cuerpo físico. Sin embargo, reducimos la pasión y vitalidad de esa experiencia de muchas maneras y nos enseñamos a partir de la creencia de que nuestras vidas tienen significado y valor. Se nos enseña que sólo «estas» emociones son saludables o apropiadas, mientras que otras son señales de imperfecciones. Sólo «estas» personalidades son sanas y funcionales, mientras que las demás necesitan arreglos. Sólo «estas» cosas tienen valor (el dinero, los objetos, las acciones), mientras las demás cosas son para los seres menos dignos y menos valiosos. Sólo «estas» cosas (personas, objetos o acciones) tienen sentido, mientras que la totalidad de la vida es fortuita y sin sentido. La religión insiste en que nacemos defectuosos y debemos permanecer en constante vigilancia para salvarnos a nosotros mismos. La ciencia parece implicar que somos seres aleatorios, sin valor más allá de lo que podemos arrancar del mundo indiferente en el curso de nuestras vidas cortas y salvajes. La naturaleza es algo que debemos controlar y contra lo que debemos pelear; nos destruirá imparcialmente si no prestamos atención. Pero mi experiencia insiste en que esas suposiciones son incorrectas.

Al tratar de abreviar, controlar y restringir la amplia gama de creatividad disponible, nos robamos a nosotros mismos. El hacer que todos acaten una idea de perfección (personalmente, políticamente, religiosamente o socialmente), admitimos nuestro propio miedo ante nosotros mismos, una desconfianza que no es cierta. No somos malos ni defectuosos de corazón. Si expresáramos sólo curiosidad y admiración por las vidas de otros, diferentemente creativas, en lugar de intentar reparar o salvar a aquellos que son diferentes de nosotros, podríamos encontrarnos en un mundo fascinante. Si comprendiéramos que somos cocreadores deliberados del mundo y de toda experiencia dentro de él, teniendo relación y siendo cocreadores con las rocas y el pasto, árboles y tigres, viento, tormentas y tsunamis, entonces el mundo sería un lugar muy diferente. Si comprendiéramos que cada uno de nosotros contribuye a la creación de los llamados desastres y guerras, entonces podríamos renunciar a la creación de la «guerra por esto» y «guerra por aquello», en lugar de imaginar un mundo cooperativo, el primer paso para su creación. Cada uno podría encontrar profundo significado en lo que ahora conocemos como vidas cortas e insignificantes, y así, dejar ir el deseo de imponernos por sobre otros; podríamos deshacernos de la necesidad de imponer significado y valor en nuestras vidas, a través de la aberración de contiendas aplicadas erróneamente y de la violencia, en lugar de encontrarlo a través de la armonía.

Cada uno de nosotros somos seres deliberados con planes detalladamente cooperativos para nuestras vidas. Todas las emociones libres que crecen dentro y la consciencia del Yo Completo, son sanas y apropiadas, y todas las personalidades son perfectas en su expresión única. Si no hacemos más que disfrutar de un día, sin importar cuán corto e insignificante pueda parecer, hemos logrado algo valioso. Cada cosa que hacemos, cada cosa que imaginamos, tiene valor y propósito. Cada existencia tiene significado.

El visitar ambientes expandidos no resolvió todos mis problemas ni me convirtió en una santa. Aún me irrito, enojo, disgusto, puedo estar malhumorada, melancólica, con el corazón roto y temerosa. En ocasiones soy floja, despistada, bocona e impaciente. Pero dentro o debajo de cómo me siento o actúo, también estoy feliz en consciencia del valor y bondad de mi eterno Yo Completo. Cada experiencia contiene el potencial de la felicidad.

Esta alegría es algo universal, creo yo. Un número principal en la ecuación de la vida. No creo que mis experiencias extracorporales impliquen que esos ambientes son lugares que otros visitan o visitarían si tuvieran una experiencia extracorporal. Después de todo, las posibilidades de ambientes son, literalmente, infinitas, y cada uno de nosotros es único. Puede ser que elijamos ambientes mantenidos y creados colectivamente, o, como sueños hermosos, podemos crear ambientes de transición que son privados y perfectos para nosotros mismos.

Lo que yo sospecho que es universal en la experiencia extracorporal, es descubrir y conocer al Ser como un ser eterno, recordando la realidad abrumadoramente completa de la felicidad y el amor que existe, y la íntima conexión que cada consciencia tiene con cada una de las demás consciencias, con la creación, con Todo lo que Es.

Amor y alegría: esas palabras son, en realidad, completamente inadecuadas para la experiencia. Para que puedan ser certeras, las palabras deben ser comprendidas como infinitamente profundas y emocionalmente sin esfuerzo, tanto pesadas como ligeras como plumas, infinitamente complejas e increíblemente simples. Deben entenderse como inclusivas, no definidas dentro de sistemas de creencias acerca de lo bueno y malo, divino y maligno, bondadoso y mezquino, cortés y grosero. El amor y la alegría, desde la consciencia expandida, son permitidos para cada ser y cada experiencia, afirmando que cada creación es buena y hermosa porque somos perpetuamente, sencillamente e infinitamente «buenos».

Yo creo que la gente tiene la capacidad de descubrir cómo vivir en conjunto, incluso si no estamos de acuerdo; compartiendo incluso si los recursos escasean; y manejando nuestros propios miedos sin desquitarlos con los demás. Si cada uno de nosotros actuáramos desde el entendimiento de quiénes somos en realidad, ¿cómo sería el mundo?

Yo solía creer que los esfuerzos de una persona eran demasiado pequeños para hacer alguna diferencia en cualquier tema grande, tales como la guerra, el racismo o la pobreza. Ahora estoy convencida de que cada una de las consciencias realiza una contribución valiosa para el mundo y más allá, sin importar cuán insignificante pueda parecer esa persona desde nuestras estructuras de creencias.

Una persona cambia al mundo tan sólo «imaginando» uno más armonioso. Vamos a intentarlo.

Natalie en Iraq el día del «golpe».

El 7 de enero del 2008, Natalie Sudman recibió la Medalla de la Defensa de la Libertad, en el Cuartel del Cuerpo de Ingenieros del Ejército de los Estados Unidos, en Washington, DC. Fue herida en Iraq el 24 de noviembre del 2007, cuando su vehículo golpeó un artefacto explosivo improvisado. Viajaban en un convoy para visitar las plantas de tratamiento de aguas en el USACE (U.S. Army Corps of Engineers) en el Distrito Sur de la Región del Golfo.

El Departamento de Defensa (DOD) creó la Medalla a la Defensa de la Libertad después del 11 de septiembre del 2001, con el fin de honrar a los civiles heridos durante el ataque al Pentágono. Esta medalla es equivalente al Corazón Púrpura militar, y es concedida a cualquier empleado civil del DOD, herido por acción enemiga en la guerra a nivel mundial por terrorismo.

Sudman, una arqueóloga de la Oficina de Administración de Tierras (Bureau of Land Management), había estado en Iraq con la USACE desde el 7 de agosto del 2006. Se ofreció como voluntaria para trabajar para la USACE en la Costa del Golfo, después del Huracán Katrina y, posteriormente, sus amigos de la USACE la invitaron a trabajar en Iraq. Trabajó como ingeniera de proyectos en la Oficina Regional del Sur de Basrah, gestionando varios proyectos, incluyendo un centro de salud de atención primaria en Khor Az Aubair.

** Tomada de la Army AL&T Online Web-exclusive Articles, por Bernard Tate. Junio 2008.

**USACE, foto tomada por F.T. Eyre

Foto de contraportada: presidente George W. Bush visitando a Natalie Sudman en el hospital.

Glosario

BDU: uniforme de guerra de la Armada; el patrón de camuflaje café también es llamado camo. A nosotros los civiles nos exigen usar nuestro uniforme de la Armada siempre que salimos de la base. Muchos de nosotros sentimos que usar este uniforme era como pintarnos una enorme diana en el pecho, y en el pecho de los iraquíes que conocimos fuera del campo. Por supuesto que a la Armada no le importaba lo que pensáramos.

Camo: uniforme camuflajeado de la Armada, también conocido como BDU's.

Digital Camo: uniformes de batalla con tela de patrones digitales.

Helo: helicóptero.

AEI: artefacto explosivo improvisado. También llamado comúnmente como bomba caminera. Técnicamente, nosotros fuimos golpeados por un EFP, un penetrador de forma explosiva, el cuál es una versión perforadora de blindaje de un AEI.

PI: policía iraquí. Debido a que el gobierno de la provincia donde trabajé fue formalmente entregado a los iraquíes, nos solicitaron tener una escolta de la policía iraquí, siempre que saliéramos de la base. La habilidad y el profesionalismo de esta unidad de policías era desigual y poco confiable; y la PI era normalmente conocida por ser fuertemente infiltrada por insurgentes.

Arma larga: rifle.

Med kit: kit médico. Cada convoy de PSD tenía un médico designado dentro del equipo, y llevaba por lo menos un kit médico de trauma.

PSD: equipo de protección personal (Personal Security Detail). Estos eran equipos de seguridad contratados para cuidarnos en todo momento cuando viajábamos fuera de la base. Normalmente viajábamos en un convoy de tres vehículos: el camión líder, el vehículo «principal» (aquellos de nosotros, a quienes estaban vigilando, nos llamaban los «principales»), y el camión armado. Los convoyes de cuatro vehículos, como el que usamos el día en que fuimos alcanzados por el AEI, no eran la norma, pero tampoco estaban fuera de lo común.

Trabajar a micrófono cerrado: cuando se trabaja a «micrófono cerrado», toda comunicación entre el personal de seguridad dentro de varios camiones, tiene lugar a través de audífonos o auriculares. Los «principales», nosotros, las personas a las que estaban protegiendo, no éramos capaces de escuchar sus observaciones y conversaciones. Algunos de los equipos trabajaban a «micrófono abierto», lo cual hacía que el viaje fuera mucho más informado, interesante y, con frecuencia, divertido.

Autor

Natalie Sudman trabajó como arqueóloga en los estados de la Gran Cuenca por dieciséis años, antes de aceptar un puesto supervisando contratos de construcción en Iraq. Después de haber sido herida por una bomba caminera, Natalie se retiró de los servicios gubernamentales. Ahora ella disfruta del arte, escritura y exploración continua en lo no físico.

Natalie lee y sana psíquicamente, se comunica con aquellos quienes ya fallecieron, y canaliza seres no físicos. Ofrece información respecto a preguntas personales, al igual que aborda temas más amplios como la naturaleza del espacio, el tiempo o la realidad.

Natalie tiene un interés particular en las intersecciones de la ciencia con lo no físico. Ha sido objeto de estudios realizados en la División de Estudios

Perceptivos de la Universidad de Virginia, y acepta invitaciones para actuar como rata de laboratorio en cualquier investigación científica. Describiéndose a sí misma como una mente escéptica abierta, Natalie encuentra que la metodología rigurosa de la ciencia, apela a su mente crítica, mientras que su naturaleza artística disfruta de la libertad expansiva de dejar atrás la mente crítica en incursiones frecuentes hacia lo no físico. Ella sostiene que un irreverente sentido del humor y una disposición por hacer el ridículo, son las piedras angulares de la exploración constructiva.

Criada en Minnesota, Natalie ha vivido la mayor parte de su vida adulta en el este de Oregón, Montana y Dakota del Sur. Recientemente se mudó a Arizona. Sus obras de arte están disponibles a través de las Galerías Davis & Cline en Ashland, Oregón, y su urnas estarán disponibles en línea a principios del 2012 en: www.inyantraceartstudio.com

Ocasionalmente bloguea en:
www.traceofelements.wordpress.com

Other Books by Ozark Mountain Publishing, Inc.

Dolores Cannon
A Soul Remembers Hiroshima
Between Death and Life
Conversations with Nostradamus,
    Volume I, II, III
The Convoluted Universe -Book One,
    Two, Three, Four, Five
The Custodians
Five Lives Remembered
Jesus and the Essenes
Keepers of the Garden
Legacy from the Stars
The Legend of Starcrash
The Search for Hidden Sacred
    Knowledge
They Walked with Jesus
The Three Waves of Volunteers and
    the New Earth
Aron Abrahamsen
Holiday in Heaven
Out of the Archives – Earth Changes
James Ream Adams
Little Steps
Justine Alessi & M. E. McMillan
Rebirth of the Oracle
Kathryn/Patrick Andries
Naked in Public
Kathryn Andries
The Big Desire
Dream Doctor
Soul Choices: Six Paths to Find Your
    Life Purpose
Soul Choices: Six Paths to Fulfilling
    Relationships
Patrick Andries
Owners Manual for the Mind
Cat Baldwin
Divine Gifts of Healing
The Forgiveness Workshop
Penny Barron
The Oracle of UR
Dan Bird
Finding Your Way in the Spiritual Age
Waking Up in the Spiritual Age
Julia Cannon
Soul Speak – The Language of Your
    Body
Ronald Chapman
Seeing True
Albert Cheung
The Emperor's Stargate
Jack Churchward
Lifting the Veil on the Lost Continent of
    Mu

The Stone Tablets of Mu
Sherri Cortland
Guide Group Fridays
Raising Our Vibrations for the New
    Age
Spiritual Tool Box
Windows of Opportunity
Patrick De Haan
The Alien Handbook
Paulinne Delcour-Min
Spiritual Gold
Holly Ice
Divine Fire
Joanne DiMaggio
Edgar Cayce and the Unfulfilled
    Destiny of Thomas Jefferson
    Reborn
Anthony DeNino
The Power of Giving and Gratitude
Michael Dennis
God's Many Mansions
Carolyn Greer Daly
Opening to Fullness of Spirit
Anita Holmes
Twidders
Aaron Hoopes
Reconnecting to the Earth
Victoria Hunt
Kiss the Wind
Patricia Irvine
In Light and In Shade
Kevin Killen
Ghosts and Me
Diane Lewis
From Psychic to Soul
Donna Lynn
From Fear to Love
Maureen McGill
Baby It's You
Maureen McGill & Nola Davis
Live from the Other Side
Curt Melliger
Heaven Here on Earth
Where the Weeds Grow
Henry Michaelson
And Jesus Said – A Conversation
Dennis Milner
Kosmos
Andy Myers
Not Your Average Angel Book
Guy Needler
Avoiding Karma
Beyond the Source – Book 1, Book 2
The History of God

For more information about any of the above titles, soon to be released titles,
or other items in our catalog, write, phone or visit our website:
PO Box 754, Huntsville, AR 72740|479-738-2348/800-935-0045|www.ozarkmt.com

Other Books by Ozark Mountain Publishing, Inc.

The Origin Speaks
The Anne Dialogues
The Curators
Psycho Spiritual Healing
James Nussbaumer
And Then I Knew My Abundance
The Master of Everything
Mastering Your Own Spiritual
    Freedom
Living Your Dram, Not Someone Else's
Sherry O'Brian
Peaks and Valleys
Riet Okken
The Liberating Power of Emotions
Gabrielle Orr
Akashic Records: One True Love
Let Miracles Happen
Victor Parachin
Sit a Bit
Nikki Pattillo
A Spiritual Evolution
Children of the Stars
Rev. Grant H. Pealer
A Funny Thing Happened on
    the Way to Heaven
Worlds Beyond Death
Victoria Pendragon
Born Healers
Feng Shui from the Inside, Out
Sleep Magic
The Sleeping Phoenix
Being In A Body
Michael Perlin
Fantastic Adventures in Metaphysics
Walter Pullen
Evolution of the Spirit
Debra Rayburn
Let's Get Natural with Herbs
Charmian Redwood
A New Earth Rising
Coming Home to Lemuria
David Rivinus
Always Dreaming
Richard Rowe
Imagining the Unimaginable
Exploring the Divine Library
M. Don Schorn
Elder Gods of Antiquity
Legacy of the Elder Gods
Gardens of the Elder Gods
Garnet Schulhauser
Dancing on a Stamp

Dancing Forever with Spirit
Dance of Heavenly Bliss
Dance of Eternal Rapture
Dancing with Angels in Heaven
Manuella Stoerzer
Headless Chicken
Annie Stillwater Gray
Education of a Guardian Angel
The Dawn Book
Work of a Guardian Angel
Joys of a Guardian Angel
Blair Styra
Don't Change the Channel
Who Catharted
Natalie Sudman
Application of Impossible Things
L.R. Sumpter
Judy's Story
The Old is New
We Are the Creators
Artur Tradevosyan
Croton
Jim Thomas
Tales from the Trance
Jolene and Jason Tierney
A Quest of Transcendence
Paul Travers
Dancing with the Mountains
Nicholas Vesey
Living the Life-Force
Janie Wells
Embracing the Human Journey
Payment for Passage
Dennis Wheatley/ Maria Wheatley
The Essential Dowsing Guide
Maria Wheatley
Druidic Soul Star Astrology
Jacquelyn Wiersma
The Zodiac Recipe
Sherry Wilde
The Forgotten Promise
Lyn Willmott
A Small Book of Comfort
Beyond all Boundaries Book 1
Stuart Wilson & Joanna Prentis
Atlantis and the New Consciousness
Beyond Limitations
The Essenes -Children of the Light
The Magdalene Version
Power of the Magdalene
Robert Winterhalter
The Healing Christ

For more information about any of the above titles, soon to be released titles,
or other items in our catalog, write, phone or visit our website:
PO Box 754, Huntsville, AR 72740|479-738-2348/800-935-0045|www.ozarkmt.com

www.ingramcontent.com/pod-product-compliance
Lightning Source LLC
Chambersburg PA
CBHW060048050426
42446CB00033BA/2003